공간을
말하다

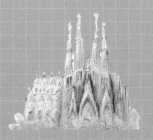

공간을

있는 그대로의 자유로움, 생긴 그대로의 자연스러움

말하다

이상호 **지음** ｜ 설한 **그림**

맥스미디어

머리말

우리가 지도자라면 천년을 이어가는 도시를 어떻게 만들까요? 한 가정의 가장이라면 어디에 예쁜 집을 짓고 어떤 인테리어로 거실과 방을 꾸밀까요?

정치가는 선거 때마다 좋은 지자체를 만들겠다고 공약하고, 시민은 내가 살 집을 찾고 예쁜 공간을 꾸미는 꿈을 꾸며 부동산 재테크도 합니다. 그러나 안타깝게도 우리는 생활과 맞닿아 있는 공간에 관한 지식과 생각을 나눠본 적이 없어요. 여기서는 우리들의 이러한 소망을 이야기합니다.

이 책은 열두 가지 학문적 시각에서 공간을 바라보았습니다. 천도遷都를 둘러싼 권력 다툼, 돈이 되는 부동산, 지도자가 꿈꾸는 도시 등 공간에 얽힌 정치학·경제학·경영학을 다룹니다.

세계가 사랑하는 도시, 주민이 행복한 공간, 작은 것이 아름다운 전원도시, 탐욕스러운 자본이 만든 공간 등 인문학·사회학·문화학의 견지에서도 공간을 바라봅니다.

하늘을 오르려 애썼던 메소포타미아의 바빌론, 〈반지의 제왕〉이나 〈카멜롯의 전설〉에 나오는 고대 중세도시, 현대 자본의 도시와 스마트시티 등 공간의 역사와 미래에 얽힌 이야기도 들려줍니다.

안토니 가우디, 르 코르뷔지에, 훈데르트바서, 프랭크 로이드 라이트 등 거장들의 개인적인 고뇌와 작품 그리고 지역색이 담긴 전통 공간을 들여다봅니다. 살고 싶은 집, 걷고 싶은 거리를 어떻게 만들 것인지를 알려주는 공간 공학과 디자인에 대해서도 살펴봅니다.

처음에는 공간의 생로병사, 희로애락을 소박하게 쓰려고 했는데, 다 쓰고 나니 딱딱하고 거창한 이름이 붙었네요. 모든 일이 그렇듯 계획대로 되지는 않아요. 그러나 글 중간중간에 '소박함'이라는 초심을 기억하려 했습니다. 이 또한 바람일지 모르지만요.

하나의 공간을 열두 가지 시선으로 들여다보니 느낌 또한 다양합니다. 따뜻하기도 하고 슬프기도 하며 결연하고 장엄하기도 합니다. 때론 뻔하고 덤덤하기도 하고요. 저는 공간 심리학이 좋은데, 어떤 학생은 공간 인문학이 좋답니다. 어떤 이는 공간 디자인학이 좋다고 하네요. 공간 사회학이 좋다는 분도 있어요.

뜻하지 않게 공간이 주는 교훈은 묵직했습니다. 순백의 공간은 필요에 따라 집, 상가, 공장, 공원으로 바뀌죠. 모든 공간이 집이 되려고 하지는 않아요. 그러나 어느 하나 소중하지 않은 게 없죠. 경쟁도 없고 순위도 없습니다. 최고가 되려고 힘들어하지도 않아요. 따로 또 같이 어울려 여유로운 마을과 도시를 만듭니다.

한 장 한 장 공간을 써가며 새로운 창이 열리고 있음도 느꼈습니다. '우리'보다 '개인'이 중요해지고 꿈과 현실의 간극도 좁아지고 있습니다. 역사의 진화, 인간의 진보를 보는 것 같았습니다. 생각을 하면 기술이 공간으로 실현합니다. 생각이 다르면 공간도 달라집니다. 시대정신은 '해야 하는 것'에서 '하고 싶은 것'으로 이동하고 있어요. 개인 상실의 시대에서 개인 회복의 시대로 가고 있는 셈이죠. 개인의 꿈, 취향, 손길이 담긴 살고 싶은 집, 걷고 싶은 거리를 만드는 시대에 서 있습니다. 생각만 있다면 가능합니다. 거장의 작품도 소박한 희망에서 시작되었습니다. 이 책을 읽으면서 확인해보면 좋을 듯해요.

허름했던 원시의 주거가 우아한 자태를 한 주택으로 변했어요. 초라하고 볼품없어 헛간 같던 그때의 주택은 지금 보면 부족하고 불완전합니다. 만족스럽지도 않고요. 그러나 그땐 그게 답이었습니다. 오랜 후에 보면 불완전했던 것이 완전으로 가는 길이었죠. 헛간이 없었으면 아파트도 없었을 거예요. 그래서 불완전한 것도 존중받는 게 맞고, 의미도 있는 것 같습니다.

이 책은 강의를 하면서 하나둘 늘어난 잔소리에서 시작됐습니다. "공간은 다양하다. 모두 다르다. 그게 자연스러운 거다. 사람도 그렇다. 같아지려 하지 말라. 찍기, 외우기, 정리하기에서 한 걸음 더 가보면 다른 세상이 있다. 세상이 달라지고 있다. 여유를 갖고 생각해라. 그게 시작이다. 재능을 찾아라. 그런 네가 1등이다." 그러다 보니 열두 가지나 되는 공간 이야기를 쓰게 되었습니다. 탈고하고 보니 잔소리가 완전히 틀린 건 아닌 것 같습니다.

한 줄 세우기 경쟁에 힘들어하는 학생들을 보면 안타까워요. 졸업

하고 새 세상에 나가도 삶은 틈을 주지 않습니다. 앞만 보고 달리는 경주마! 100미터 인생 달리기는 계속됩니다. 외줄 경쟁에서 승자는 소수입니다. 다수가 패자죠. 승자는 행복하지 않고, 패자는 좌절합니다. 열두 줄에 선 공간처럼 다양한 줄에 설 수는 없는 걸까요? 따로 또 같이 즐겁고 평화롭게요. 잠깐 멈추고, 확 그러나 섬세하게 바꿀 생각의 여지를 나누고 싶었습니다.

사람마다 생각과 재능이 다르니 다르게 사는 게 맞습니다. 그러니 다양한 게 존중되어야 합니다. 하나의 공간도 다른데, 하물며 사람이 다른 것은 자연스럽고 당연합니다. 지금은 불완전해도 그게 맞는 겁니다. 완전으로 가는 길이기 때문입니다. 불완전한 내가 답입니다. 그러니 불완전한 나부터 존중받아야 합니다. 사랑받아야 합니다. 소중하지 않은 사람은 없습니다. 누가 뭐라 해도 한 치의 의심도 없이 뚜벅뚜벅 자신을 믿고 갔으면 좋겠습니다. 이 얘기를 하고 싶었습니다.

지식의 섭취 No! 생각의 여유 Yes! 빨리보다는 천천히 읽기를 권합니다. 끌리는 것부터 읽어도 되고요. 처음부터 끝까지 읽을 필요도 없고, 대충 읽어도 됩니다. 그러다 자신의 공간을 만들고 싶은 생각이 들면 좋고요. 실제로 만들어보면 더 좋을 듯합니다.

2020년 3월

이상호

차례

1장

공간 역사학 :

공간이 역사를 기록하는 원칙

공간은
역사를 기록한다

사람이 들어오고 이런저런 행위에 필요한 시설로 채워지면서, 공간은 집이 되고 마을이 되며 도시가 됩니다. 그 공간에 사람의 흔적이 남고, 우리는 그것을 '장소'라 부르기도 하죠. 먼 옛날부터 오늘에 이르기까지 집, 교회, 상가, 공장, 도로, 마을을 품은 장소는 그 시대 거기에 살았던 사람들의 이야기를 담고 있습니다. 역사의 변화에 따라 흥망성쇠를 같이하였고, 공간도 희로애락을 같이하며 변화해왔습니다.

역사는 사람이 산 기록인 동시에 죽은 흔적이기도 합니다. 집처럼 따뜻한 공간이 있는가 하면, 피라미드 무덤처럼 단순하고 거대한 공간도 있습니다. 하늘에 오르려는 신의 첨탑이 있는가 하면, 왕이 혼자 살기에 터무니없이 넓은 궁전도 있죠. 말이 거닐고 자동차가 질주했던 넓은 도로가 지하에 만들어지기도 하고 지상을 수놓기도 합니다. 사람이 살았을 거라고 믿을 수 없지만 거렁뱅이가 살았던 마굿간도 있고, 쓸모없이 높고 넓은 권위의 공간도 있습니다. 따뜻한 배려의 공간도 있죠.

사람이 생긴 게 다르듯, 공간도 같은 게 없고, 이유 없이 생긴 것도 없습니다. 공간은 저마다 타고난 운명이 있습니다. 사람과 자연 그리고 그 시대의 정치·경제·사회·문화 행위가 공간, 장소, 도시에 고스란히 새겨져 있습니다. 그렇기에 공간의 역사는 인류의 역사를 기록한 비밀스러운 흔적이고 발자취이며, 그래서 공간은 역사의 비밀을 간직하고 있습니다.

공간의 역사를 통시적으로 보면, 메소포타미아의 도시 우르Ur의 지구라트Ziggurat와 이집트의 피라미드, 바빌론의 바벨탑과 공중정원이 그리는 '원시 왕의 공간', 그리스의 아크로폴리스와 아고라, 로마의 빌라와 원형경기장 콜로세움이 보여주는 '고대 귀족과 노예의 공간', 기독교 박해의 상징 카타콤Catacomb과 원탁의 기사 아서왕. 카멜

▲ 이집트의 피라미드
▼ 메소포타미아 우르의 지구라트

롯의 '중세 성채 장원 공간', 로미오와 줄리엣의 마을인 베로나에 펼쳐진 '영주와 농노의 공간', 노트르담의 꼽추가 들려주는 '중세 교회와 광장의 공간', 은행을 세운 피렌체 메디치가가 리드하는 '르네상스의 인간 공간', 길드의 상공업 도시와 절대왕권의 상징인 베르사유궁전이 만들었던 '근대의 공간', 산업혁명의 도시 런던과 프랑스혁명의 도시 파리, 신대륙 금융의 도시 뉴욕이 보여주는 오피스와 아파트 등 '현대 자본의 공간'이 있습니다.

공간의 역사, 공간의 흥망성쇠는 시대상과 무관하지 않으며, 공간은 시대의 팔자와 운명을 간직하고 있습니다. 공간은 나름대로의 원칙을 가지고 역사를 기록합니다.

역사를 기록하는 원칙
1. 입지

공간이 역사를 기록하는 원칙이 몇 가지 있습니다. 제1원칙은 '입지'입니다. 5억 1천 제곱킬로미터의 광활한 지구에서도 왜 하필 거기에 그런 장소의 흔적이 생긴 걸까요? 이 대답은 앞으로의 문명이 번성할 곳을 예측할 수 있는 열쇠가 되기도 합니다. 역사를 보면 도시가 왜 그곳에 들어섰는지를 추측할 수 있죠. 먹고사는 방식, 돈 버는 방식, 부富의 창출 방식이 도시의 입지를 결정했습니다. 반대로 도시의 입지를 보면 그 시대의 먹고사는 방식, 돈 버는 방식, 부富의 창출 방식을 알 수 있죠.

'원시시대'의 강과 해변의 수렵 채취 흔적과 피난에 유리한 동굴 입지, '고대 노예시대'의 땅과 노예 쟁탈 전쟁에 유리한 산꼭대기 입지, '중세 봉건시대'의 농업에 유리한 기름진 땅의 장원 입지와 해상 무역에 유리한 항만도시 입지, '자본주의 시대'의 산업혁명기 에너지 자원인 석탄·탄광도시 입지, 중화학공업이 주도한 임해 산업도시

입지, 그리고 전자산업이 만든 내륙 첨단 도시 입지 등등. 생산 방식이 도시의 입지를 결정한 거죠. 미래의 도시는 어디에 세워질까요? 이 질문을 염두에 두고 공간의 역사에서 해답을 추론해봅니다.

기원전 원시시대는 수렵과 채취 그리고 농경 사회였기 때문에 지금도 동굴이나 강가에 사람의 흔적이 남아 있습니다. 선사 유적이죠. 자연에 대응하기 위하여 바닷가나 동굴에 은거하며 주거지를 형성했죠. 하늘을 쳐다보는 천수답天水畓의 농경 사회에서 물의 접근성은 무엇보다 중요했고, 강 주변이 도시의 입지로 정해지는 것은 당연했습니다. 수렵 채취와 농경이 적합한 곳에서 부의 축적이 이루어졌고, 그곳에 도시가 형성되었습니다. 시대가 변하면서 이들 도시는 흥망성쇠를 거듭했고, 물길의 변화에 의해 도시가 사라지기도 했습니다.

기원전 18500~14000년경 알타미라동굴에서 원시인이 거주했던 흔적을 발견합니다. 무서운 맹수와 천둥 번개를 피했던, 원시 자연에 적응했던 취락입니다. 기원전 8000~7000년경 메소포타미아 티그리스강과 유프라테스강 사이의 땅, 이집트 나일강, 인도 인더스강, 중국 황허강에서 인류의 문명이 시작됐습니다. 신석기시대의 대규모 취락지인 예리코Jericho와 차탈회위크Çatalhöyük는 농경을 중심으로 한 계급 부재의 시대, 기반 시설이 없는 도시 이전의 취락으로 분류됩니다.

사회적 부가 축적되면서 왕과 노예 등 계급이 형성되었습니다. 기원전 5000년경부터 도시 문명이 번창했습니다. 기원전 3100년경부터 이집트 멤피스를 중심으로 알렉산드리아와 같은 신도시가 건설되었고, 기원전 2700년경 메소포타미아 지역 수메르 문명에서 최초의 도시국가 우르가 형성되었습니다. 인도에서는 기원전 2500년경부터 하라파와 모헨조다로의 도시가 형성되었고, 기원전 2000년경 황허강과 창장강을 중심으로 중국 문명이 탄생합니다.

고대 도시는 대부분 산에 위치해 있어요. 그리스(기원전 1100~146년)나 로마(기원전 146~기원후 330년) 시대의 모습입니다. 고대 도시의 모습을 한 공중도시 마추픽추도 그렇죠. 로마가 있는 이탈리아나 그리스를 여행하다 보면 산에 있는 도시를 흔하게 봅니다. 저 높은 곳에서 어떻게 먹고 살았을까, 하는 의문이 들 정도인데, 그 비밀의 열쇠는 고대 노예사회 체제에서 찾을 수 있습니다. 고대의 도시국가들은 전쟁을 통하여 기름진 토지와 노예를 쟁취하는 방식으

고대 도시의 모습을 한 페루의 마추픽추

로 부를 창출하였고, 따라서 방어에 유리한 산꼭대기에 고대 성곽도
시가 자연스럽게 형성되었습니다.

고대에는 영토 전쟁과 노예 전쟁으로 식민도시를 건설하였죠. 왕
과 귀족은 방어에 유리한 높은 위치에 거하였고, 노예는 외곽에 위치
하며 방어선 역할을 하였습니다. 영화 〈반지의 제왕〉에 나오는 도시
는 전쟁과 약탈 그리고 공격과 방어를 일삼는 고대 도시의 모습을 잘
보여줍니다. 리븐델의 엘프 협곡도시, 샤이아 호빗마을, 곤도르의 수
도 미나스 티리스는 산속에 자리하고 있어요. 그리스 아테네는 전쟁
을 통하여 지중해 연안에 밀레투스와 같은 식민도시를 거느렸고, 로
마는 정복 전쟁에 지친 군인을 쉬게 했던 온천 휴양 도시, 목욕탕의
도시, 바스Bath를 세웁니다. 페르시아전쟁, 펠로폰네소스전쟁, 춘추
전국시대의 수많은 전쟁, 제갈량과 유비 그리고 조조의 『삼국지』 속
적벽대전, 어디를 보아도 고대 도시들은 끊임없는 전쟁을 했고, 성곽
도시 외에는 선택의 여지가 없었습니다.

중세는 왕, 영주, 기사, 농노로 이어지는 봉건제 사회로 농업과 수
공업 그리고 상업에 기반한 장원 경제체제를 유지하였습니다. 장원
은 영주가 다스리는 자급자족경제 단위로, 초기에는 비옥한 땅과 농
노의 농업 생산성에 의존하다가, 후기에는 수공업 상품경제가 발현
되고 해상무역에 기반한 상품 교역이 부의 창출 수단이 되었죠. 따
라서 중세도시는 초기에 기름진 땅과 물이 있는 강 그리고 하천 주
변에 세워졌다가, 후기로 들어서면서 상공업이나 무역에 유리한 강

중세의 도시, 장원

하구나 항만에 위치했습니다.

　프랑스를 여행하다 보면 넓은 포도밭을 아래에 둔, 높은 곳에 위치한 성을 자주 봅니다. 여전히 비옥한 영토가 중요했으므로 장원은 주로 강과 하천을 끼고 있었고, 야만의 전쟁도 계속되었으므로 영주가 거주하는 성은 높은 곳에 위치했습니다. 온난기였던 중세에 산에서 농사가 가능했던 것도 중세 입지 조건의 하나입니다. 중세 후기의 항구도시 마르세유를 보면 항구를 중심으로 건물이 집중되었고, 산의 높은 곳에 교회가 자리해 있습니다. 이는 생산양식의 변화에 따른 전형적인 중세의 기록이며, 영주와 교회 도시의 흔적은 아직도 여기저기에 남아 있습니다.

자본 도시는 증기기관의 에너지원인 석탄 광산 지역에서 번성하다가 제품의 생산과 유통에 유리한 철도, 도로, 전기 등 기반 시설이 잘 갖추어진 산업도시로 자리를 옮깁니다. 자연에 의존했던 나약한 인간이 기술을 무기로 새로운 문명의 창조에 나선 시기죠. 오직 인간의 힘에 기댄 소량생산 방식에서 기계와 인간의 협업으로 만들어지는 대량생산의 시대를 열며 도시는 인류 역사의 혁명적 변화를 일으킵니다. 가난한 섬나라 영국은 혁명적 변화에 잘 대응하면서 해가 지지 않는 제국이 되었고, 부유했던 중국은 변화에 대응하지 못하면서 쇠퇴의 길로 들어섰습니다. 근대 조선도 쇄국정책으로 문을 닫으며 나락으로 떨어졌습니다.

1769년 제임스 와트가 증기기관을 발명하면서 증기기관의 에너지원이었던 탄광도시가 번성했습니다. '인클로저 운동Enclosure Movement'으로 농노가 해방되고, 사람들이 도시로 일자리를 찾아 나섰죠. 섬유, 의류, 설탕, 밀가루 등 경공업이 발전했고, 많은 인구가 사는 대도시 주변에 산업단지가 자리하였습니다. 철도가 건설되면서 대량으로 생산된 제품의 유통이 가속화됐고, 배고픔이 해소되는 시기였습니다. 농업 종사자가 급격히 감소했고, 공업 종사자가 급격히 증가했습니다. 산업구조가 기계·화학 등 중화학공업을 중심으로 변하면서 도시에는 바다에 인접한 임해 산업단지가 구축되었고, 소

금기에 약하고 고급 인력을 원하는 전자산업이 경제를 견인하면서
다시 대도시 주변에 산업단지가 자리하게 되었습니다.

역사를 기록하는 원칙
2. 시설

공간이 역사를 기록하는 제2원칙은 '시설'입니다. 시설에는 사람과 행위에 관한 이야기가 기록되어 있죠. 신을 숭배했던 그리스의 신전과 하느님의 교회, 왕과 영주의 통치 시설인 궁궐과 성채, 농사를 지으려고 물을 대던 로마 수도교水道橋와 배고픔을 극복하게 해주었던 대량생산의 본거지 공장, 상품을 실어 나르던 항구와 철도 그리고 도로, 물물교환 했던 시장, 광장과 상품을 거래하던 상가 그리고 대중의 주거지 아파트 등. 시설의 크기를 보면 그 시대의 지배층이 누구인지를 알 수 있습니다. 시설은 그 시대 지배층의 통치 행위나 부의 생산양식 그리고 그 시대 사람들의 정치·사회·문화 행위의 흔적을 보여줍니다.

신전은 어느 시대나 있었어요. 부의 축적이 이루어지고 계급이 형성되면서 왕과 신의 통치 시설이 궁궐에서 피라미드까지 생과 사를 넘나들며 신전 유적으로 남아 있습니다. 그리스·로마 시대에는 신인 제우스와 헤라 그리고 왕이 군림하고 전쟁으로 식민도시가 건설되었습니다. 수도교와 같은 농업 기반 시설도 구축되었고, 그리스도교 박해로 교인들은 동굴로 숨었습니다. 중세로 넘어오면서 영주의 장원과 기사가 지키는 성채 그리고 그리스도의 은총을 받은 교회가 나타났습니다. 게르만족의 이동과 함께 기독교가 승인되면서 절대 권력의 상징인 고딕 교회가 하늘 높이 치솟았습니다. 산업혁명과 함께 기계와 노동자의 땀으로 가득한 공장과 상가 그리고 오피스와 같은 자본주의 시대의 시설이 등장했습니다. 고층 빌딩은 자본의 권력을 상징합니다. 그것은 공간이 기억하는 역사의 흔적입니다.

원시시대는 힘과 기술이 없던, 자연에 기댄 시대로 인간은 무서움을 이기고 자신들을 지켜줄 신이 필요했습니다. 부족의 동식물 상징인 토테미즘Totemism, 주술 신앙인 샤머니즘Shamanism, 태양과 물의 정령을 숭배한 애니미즘Animism이 그것이죠. 사회적으로 부가 충분하

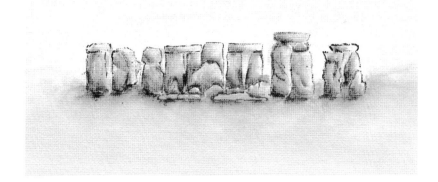

▲ 영국 선사시대의 스톤헨지
▼ 로마의 수도교

지 않아 독립된 시설을 건설했다기보다, 동굴이나 먹거리가 풍부한 지역에 주거지를 마련했습니다. 이러한 원시 신앙은 세계 도시 여기 저기서 흔적을 찾아볼 수 있죠.

단군신화에 나오는 이야기로 단군이 하늘에 제사를 올렸다는 강화도 참성대, 로마 건국 신화에 나오는 늑대의 젖을 먹고 자란 로마의 초대 왕 로물루스와 레무스의 동상이 있는 캄피돌리오 언덕, 세 개의 발가락을 가진 까마귀 삼족오가 자주 나오는 고구려고분 벽화나 곡식의 신에게 제사 드리는 사직단, 죽은 자를 기념하는 고인돌이나 영국의 스톤헨지 같은 거석 분묘 시설 등은 원시시대의 사회상을 이어가는 공간의 흔적입니다.

고대 도시는 신과 귀족의 도시로 〈반지의 제왕〉에서 잘 그려냈습니다. 그리스 신화를 담은 신전, 귀족과 시민의 주거 시설, 재판소, 시장 그리고 전쟁과 관련된 문화 스포츠 시설 들이 있습니다. 그런가 하면 주요 산업인 농업에 필요한 물을 공급하기 위하여 수도교를 건설하였고, 식민도시와 통치를 위한 직선 도로 등은 전쟁과 관련된 고대의 흔적입니다. 페이디피데스가 42.195킬로미터를 달려와 아테네에 승전보를 전한 기념으로 만들어진, 그러나 페르시아 후손인 이란에서는 금지된 마라톤과 그리스 도시국가 간 화합을 위한 올림픽 제전과 경기 시설도 있습니다.

고대 도시에서 볼 수 있는 신의 시설은 메소포타미아의 지구라트와 왕의 무덤인 이집트의 피라미드, 하늘을 오르려 애썼던『구약성

아크로폴리스

필로파포스 언덕
(뮤즈의 언덕)

아레오파고스 언덕
(아레스 언덕)

아고라
(광장)

프닉스 언덕

그리스 아테네의 도시 구성

서』「창세기」11장에 나오는 바벨탑이 있습니다. 그런가 하면 바빌론
에는 로맨틱한 시설도 있는데, 왕 네부카드네자르 2세는 메디아에서
시집와 고향을 그리워하다 향수병에 걸린 아내인 아미티스 왕비를
위하여 인공 공중정원을 조성하였습니다. 사랑의 정원이죠.

　"그리스" 하면 신전이 떠오릅니다. 올림포스산에는 유독 신들이
많은데, 하늘을 지배하는 제우스, 바다를 다스리는 포세이돈, 지옥
을 관장하는 하데스가 도시의 가장 높은 곳인 신전에서 인간들을 굽

어봅니다. 더불어 그리스 아테네의 중심 공간에는 신전과 관공서가 있는 아크로폴리스와 재판과 토론을 벌이며 시장이 서는 민주주의의 상징인 아고라가 있습니다.

로마에도 아고라와 같은 포럼이 있습니다. 포럼 시빌륨Forum Civilium은 사법과 행정의 중심지로 이용되었으며, 포럼 베날륨Forum Venalium은 상업과 시장·광장의 기능을 했죠. 로마 시대에는 귀족의 주거 형태인 도무스Domus와 별장 빌라가 있었고, 평민이 사는 다층 아파트 인술라Insula도 있었습니다. 오늘날 아파트의 효시죠. 검투사의 사랑과 자유를 향한 투쟁을 그린 영화 〈글래디에이터〉의 무대가 된 투기장 콜로세움도 잔인하지만 웅장하게 서 있습니다. 귀족이 문화생활을 즐기던 원형극장도 보이며, 포로 로마노Foro Romano에는 정치·경제·사회·문화 시설을 집중시켰습니다.

중세의 도시는 왕과 영주 그리고 교황의 도시라 할 수 있습니다. 농업 중심의 성곽도시와 상인 길드가 만든 상공업 도시, 절대왕정의 궁전 도시로 발전하였습니다. 방어의 성벽과 통치의 교회를 중심으로 한 광장은 자연스럽게 시장의 기능을 했죠. 중앙의 광장으로부터 성문에 이르는 도로는 직선의 방사형 도로망이었고, 개인 주택으로 통하는 도로들은 좁고 불규칙했습니다. 도시의 중심부는 밀집되었으나, 일반 주거 지역은 비교적 목가적인 농촌 풍경이었습니다. 십자군 전쟁을 거치면서 화약과 대포가 만들어짐에 따라 방어를 위한 성벽은 더 이상 의미가 없어지고, 절대왕정기에 영주의 성은 허물어

▲ 로마의 포로 로마노
▼ 로마의 원형경기장 콜로세움

지고 상징성만 남은 채 와해되었습니다.

역사적으로 그리스의 멸망, 그리스도의 탄생과 부활로 서기AD, Anno Domini가 시작되었고, 박해의 시대를 너머 313년 콘스탄티누스 황제의 밀라노칙령으로 기독교가 승인되었습니다. 로마는 동로마 (395~1453년, 콘스탄티노플)와 서로마(395~476년, 로마)로 분리되었고, 반달족이나 고트족과 같은 게르만족의 침입으로 서로마가 몰락하고 중세의 문이 열렸습니다.

중세 초기에는 영주가 지배하는 장원을 기본 단위로 하는 농노에 의한 농업 중심의 성채 도시였습니다. 영화 〈사운드 오브 뮤직〉의 촬영지 잘츠부르크 성이나 소금의 성 할슈타트 성, 월트디즈니 마법의 성의 모체인 노이슈반슈타인 성과 프라하 성은 모두 산꼭대기에 위치하고, 비옥한 땅과 강이나 해자를 끼고 있어 방어에 유리합니다. 중세 성채 도시의 전형입니다.

성채와 더불어 '중세' 하면 떠오르는 시설은 당연히 교회죠. 영화 〈노틀담의 곱추〉의 배경으로 잘 알려진 파리 노트르담 성당, 랭스 성당, 세인트폴 성당, 세비야 성당, 현재 교황이 계신 바티칸의 성베드로 성당이 유명합니다. 십자군 전쟁(1096~1270년)이 만든 르네상스(14~16세기)를 거치면서 절대왕정의 상징인 베르사유궁전이 있는 도시, 항구를 낀 수공업과 상업의 도시가 번성하였습니다. 피렌체나 뤼베크, 브레멘, 함부르크, 쾰른 등 한자동맹의 도시가 역사의 흥망성쇠를 같이하였습니다.

현대에는 산업혁명이 만든 자본의 상징인 공장과 아파트가 나타납니다. 제품을 만드는 기계 설비가 갖춰진 공장이 생겼고, 거기에는 기계를 조종하거나 관리하는 노동자가 많이 필요했죠. 그래서 많은 사람들이 도시로 몰려들었고, 그들을 위한 아파트가 건설됐습니다. 공장에서 생산된 제품은 철도나 도로를 통하여 유통되었고, 항구나 공항을 거쳐 세계로 수출입되었습니다. 상품을 모아 판매하는 백화점이나 상가가 만들어졌고, 돈을 관리하는 은행이나 기술을 개발하는 오피스가 생겼습니다. 현대 시설은 과학기술의 도움으로 그 수준이 더 높아지고 밀집되었습니다.

축구를 좋아하는 '맨유'(맨체스터 유나이티드 FC)의 도시이며, 자본주의 멸망을 예언한 마르크스와 엥겔스의 도시인 맨체스터, 해운혁명을 이끈 항구도시 브리스틀, 리버풀 등은 산업혁명기에 빈곤했던 섬나라 영국을 해가 지지 않는 자본주의 제국으로 만들었습니다. 철도와 항구가 도시의 부흥을 이끌며 시작된 대량생산 체제는 식민지 쟁탈을 위한 제1, 2차 세계대전을 일으켰고, 이 과정에서 영국의 패권은 뉴욕, 로스앤젤레스, 시카고 등의 미국 도시로 넘어갔습니다. 세계화 과정을 거치면서 국가의 도시가 세계의 도시로 변모하였습니다. 마천루의 금융 도시 뉴욕, 지붕 없는 박물관 파리, 가우디의 도시 바르셀로나, 예술의 도시 비엔나, 오페라하우스의 도시 시드니, 동요 〈런던 브릿지 이즈 폴링 다운London Bridge Is Falling Down〉의 도시 런던 등이 세계를 이끌고 있습니다.

시대의 주인에 따라 시설도 달라집니다. 권력의 헤게모니를 누가 잡았는지에 따라 시설의 종류가 달라지는 거죠. 고대 도시는 부가 축적되고 계급이 생기면서 왕과 귀족을 위한 문화시설로 가득 찼습니다. 중세에는 교황의 교회와 영주의 성채 그리고 왕의 궁전이 위용을 자랑했습니다. 산업혁명 후 자본주의 시대에는 공장과 산업단지 등 제품을 생산하기 위한 시설과 상업·업무 빌딩과 도로·철도 등 자본 유통과 관리를 위한 시설이 나타났죠. 권력의 원천인 대중이 살기 위한 고층 아파트도 등장하였습니다.

시설의 크기는 시대별로 차이가 있지만 신권과 왕권 그리고 금권과 관련된 시설이 가장 큽니다. 예를 들면, 원시시대에 자연을 숭배했던 동굴의 흔적, 고대 왕권을 상징하는 궁궐과 왕의 무덤인 피라미드, 신에 의지했던 그리스·로마 시대의 아크로폴리스와 파르테논 같은 신전이 있습니다.

그런가 하면 돈을 만드는 방식에 따라 기반 시설도 다양했습니다. 농경 사회에 필요한 물을 저장하고 나르던 로마 수도교, 국가 간 무역을 주도한 절대왕정기의 항구, 공장과 상가를 연결한 철도와 도로 그리고 공항은 시대별로 다른 생산을 가능하게 하는 기반 시설입니다. 사회·문화 활동도 달랐습니다. 귀족의 향락 시설과 전쟁·스포츠를 위한 콜로세움, 소크라테스와 아리스토텔레스가 철학을 논했던 민주 시설 아고라가 있었습니다. 중세 교회 앞 광장은 시장인 동시에 커뮤니티 공간이었습니다. 현대에 와서는 고대 땅따먹기의 모습

이 재현된 럭비를 위한 스타디움이 생겼고, 축구, 야구, 테니스, 농구,
배구 등의 스포츠 구장이 나타났습니다.

역사를 기록하는 원칙
3. 배치

공간이 역사를 기록하는 제3원칙은 '배치'입니다. 시설이 그냥 들어서는 게 아니라 일정한 원칙에 따라 배치된다는 거죠. 동서양의 배치 방식은 물론, 시대에 따른 배치 방식도 달랐습니다. 또한 신분제가 영향을 주어 왕과 귀족이 사는 곳과 대중이 사는 곳의 배치가 달랐습니다. 풍수지리와 같은 자연, 철도나 자동차와 같은 이동 수단도 영향을 주었습니다.

동양의 배치 방식은 기술 관련 백과사전인 『주례고공기周禮考工記』와 '정전법井田法'에 기초합니다. 도성의 중앙에는 궁궐을 두고(중앙궁궐中央宮闕), 그 좌측에는 조상을 모시는 종묘를, 우측에는 땅과 곡식의 신에 제사하는 사직을(좌묘우사左廟右社), 궁궐의 앞에는 관공서인 조정을, 뒤에는 시장을(전조후시前朝後市) 배치하였습니다. 이때 사용된 동양의 측정 단위는 1리(400미터), 1보(1.3미터), 1척(30센티미터), 1무(176제곱미터), 1정(109미터), 1궤(2.5미터), 1간(1.8미터)입

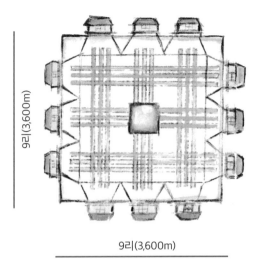

9리(3,600m)

9리(3,600m)

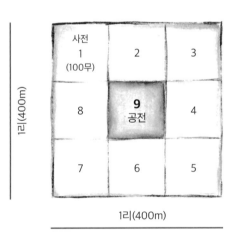

사전 1 (100무)	2	3
8	**9** 공전	4
7	6	5

1리(400m)

1리(400m)

동양의 배치, 『주례고공기』에 제시된 도성 배치 방식과 정전법니다.

정전법은『주례고공기』와 더불어 동양 도성의 가구Block 구성에 영향을 주었습니다. 사방 1리(400미터)의 토지에 여덟 가구가 사는 것을 기본 단위로 했죠. 가로와 세로를 삼등분하여 아홉 개 구역으로 구분한 후, 여덟 개는 각각 개인이 집과 경작지로 소유하고, 중앙은 공동 경작하여 세금으로 공납하는 공전貢錢으로 사용했습니다. 한 가구의 크기는 가로, 세로 각각 100보(133미터)였습니다. 지금의 아파트 구획과 비슷합니다.

『주례고공기』의 도성 배치 방식에 따르면, 도성은 동서남북 사방 9리(3,600미터)의 정방형이며, 각 방위마다 성문을 세 개씩 두고, 아홉 개의 동서 도로와 아홉 개의 남북 도로를 직선으로 냅니다. 규모는 정전법에 따라 각각 사방 100보이고, 궁궐의 문에서부터 성의 남문까지를 잇는 간선도로인 주작대로朱雀大路는 폭이 9궤(22미터)입니다.

베이징은『주례고공기』의 도시 계획 원리가 집대성된 역사적인 도시입니다. 도성의 형태는 방형으로 내성, 황성, 궁성, 외성으로 구성되었고, 성문을 직선으로 잇는 간선도로를 내어 격자형 도로망으로 구획되었습니다. 이러한 직선 배치로 성 중심의 집중성을 강화한 거죠. 시설은 자금성을 중심으로 하여 '중앙궁궐', '좌묘우사', '전조후시'의 원칙으로 지어졌죠. 엄격한 중심축인 주작대로가 있었으며, 건물은 남북 방향으로 배치되었습니다. 황성 외측 주변에 주거지가 형성되었고, 외성의 남측에는 하늘에 농사가 잘되길 빌던 천단과 선농단이 있었습니다. 뒤에는 후통胡同시장이 있었는데 전갈구이 등 안 파는 것이 없었습니다.

한양은 왕권 정치, 관료적 중앙집권 정치체제이며, 농업경제와 수공업 체제를 중심으로 한 근세 왕정기의 경제하에 있었습니다. 인구는 초기에 11만~12만 명, 말기에 20만 명이었으며, 총면적은 약 2,300헥타르ha(약 696만 평)였습니다. 북현무 백악산(주산), 남주작 남산(안산), 좌청룡 낙산, 우백호 인왕산에 둘러싸인 원형의 분지에 위치합니다.

한양은 『주례고공기』의 도성 배치 방식을 변형한 '중앙궁궐', '좌묘우사', '전조전시前朝前市'의 형태로 배치되었습니다. 경복궁을 중앙에 두고 앞에 조정과 시장을 배치하죠. 이것은 자연을 중시하는 '배산임수背山臨水', '장풍득수藏風得水', '좌청룡·우백호左靑龍 右白虎' 같은 풍수지리의 영향 때문이었습니다. 경복궁은 백악산을 주산으로 뒤에 두고, 한강을 앞에 두는 배산임수의 원칙을 따랐습니다. 그래서 경복궁 뒤의 산 때문에 시장을 배치할 수 없어, 경복궁 앞 종로통에 육의전과 시전을 두게 된 것이죠. 한양의 주작대로는 지금의 세종로에 해당합니다. 궁궐, 청계천, 관청 6조, 성균관, 관측 시설, 의료 시설, 사찰, 상설 시전, 육의전의 시설이 있었습니다.

한양은 풍수의 자연적 모형과 주례의 사회적 모형이 혼합된 배치 형태입니다. 북부에 권문세가, 남부에 하급관인, 중부에 아전, 청계

천에 상업이 위치합니다. '가사제한령', '고층건축금지령', '건축물의 좌향 규제', '방화령' 등의 제도도 갖추고 있었죠. 사회 계층에 따라 사는 곳이 달라 지역 분화가 이루어졌습니다. 길은 대로大路 17.5미터, 중로中路 5미터, 소로小路 3.4미터와 여덟 개의 출입문이 있는 성곽으로 경복궁의 둘레가 1,813보이며 3,300간의 상설시전이 있었습니다.

일본의 도성 배치는 성 아랫마을이라는 뜻의 '조카마치城下町' 형태로 잘 설명됩니다. 봉건적 신분 질서가 시설 배치에 영향을 주었습니다. 전쟁이나 군사적 충돌이 빈번한 사회에서 살아남기 위한 절박한 시설 배치도 엿보입니다. 방어를 고려한 배치 또한 눈에 띄는데, 성을 보호하기 위한 물구덩이 '해자'와 불규칙한 도로망이 그것입니다. 지형의 영향으로 구불구불한 도로가 형성되었습니다. 통치에 편하도록 도로가 곧게 뻗은 서양의 도시와는 다르죠.

에도성이나 히메지성을 살펴보면, 영주의 성이 가장 안전한 중앙에 배치되고, 이 성 안쪽에 해자라는 구덩이를 파서 물을 넣고, 다시 안쪽 해자 뒤로 무사의 주거지를 배치하고, 여기에 다시 중간 해자로 방어선을 구축하였죠. 물로 만든 방어선입니다. 얼마나 치열한 싸움이 있었으면 그랬을까요. 주요 도로는 격자형으로 구성하되, 골목 또는 소로는 미로처럼 복잡하고 불규칙적으로 구성했어요. 해자 바깥으로는 상공업자의 거주지가 교통의 요지에 배치되고, 이를 바깥 해자가 둘러싼 다음 천민은 가장 외곽부에 자리 잡았습니다. 천민이 1차 방어선인 셈인데 전쟁이나 군사적 충돌에서 지배계급이 살아남기 위한 시설 배치입니다.

서양의 시설 배치 방식은 히포다모스Hippodamos의 격자형 배치에 잘 나타나 있습니다. 그리스·로마 시대, 영토와 노예 쟁탈 전쟁 시기에는 수많은 식민도시를 건설했습니다. 정복 전쟁에서 승리한 그리스·로마는 식민지를 통치하기 위하여 빠른 시일 안에 도시를 건설해야 했어요. 격자형 도로가 만드는 도시 배치가 답이었죠. 모든 길은 로마로 통하도록 곧고 넓게 건설했고, 도시는 빠르고 효율적인 격자형으로 분할하여, 사통팔달 빠르고 관리가 쉬운 배치를 하였습니다. 그래서 모든 길은 로마로 통했어요. 그리스 로마의 고대 배치 방식은 이렇게 전쟁을 배경으로 했습니다.

히포다모스는 대표적인 그리스 도시 밀레투스Miletus를 건설했습니다. 동서를 가로지르는 '데쿠마누스Decumanus'와 남북 축의 도로 '카르도Cardo'가 격자 모양을 이루며 도시를 만든 거죠. 오늘날 뉴욕 맨해튼의 '스트리트Street'나 '애비뉴Avenue'와 비슷합니다. 직교하는 두 개의 주요 도로를 축으로 하여 격자형 도로망이 형성되었고, 교차 지점에 광장과 포럼 등의 중심 시설이 배치되었습니다.

자본주의 시대의 배치 방식도 크게 다르지 않습니다. 그러나 자본주의 시대에는 왕이 아니라 대중을 중심으로 배치했습니다. 대중의 마을은 페리Clarence Perry가 주장한 '근린주구近隣住區, Neighborhood Units 이론'에 근거하여 학교를 중심으로 도보 거리 400미터까지 주

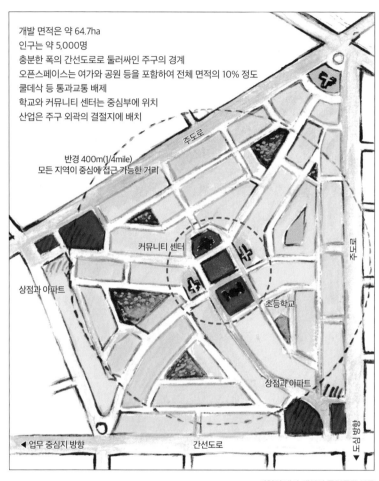

개발 면적은 약 64.7ha
인구는 약 5,000명
충분한 폭의 간선도로로 둘러싸인 주구의 경계
오픈스페이스는 여가와 공원 등을 포함하여 전체 면적의 10% 정도
쿨데삭 등 통과교통 배제
학교와 커뮤니티 센터는 중심부에 위치
산업은 주구 외곽의 결절지에 배치

주도로

반경 400m(1/4mile)
모든 지역이 중심에 접근 가능한 거리

경계도로

커뮤니티 센터

상점과 아파트

초등학교

상점과 아파트

주거 방향

◀ 업무 중심지 방향

간선도로

서양의 배치, 페리의 근린주구 이론

택을 배치하였습니다. 외곽에 상업 시설을 배치하고, 자동차가 주거지를 통과하지 못하도록 함으로써 대중을 안전하게 보호하였습니다. 철도가 생기면서 역세권의 도시가 나타났고, 자동차가 나타나면서 도시가 교외에 배치되었습니다. 도보가 주요 이동 수단이었던 시절에는 마을이 작았으나, 자동차 시대에는 커졌습니다. 도시의 경계가 도보로 10분 만에 갈 수 있는 거리에서, 자동차로 10분 만에 갈 수 있는 거리로 확장되었습니다.

역사를 기록하는 원칙
4. 모양

공간이 역사를 기록하는 제4원칙은 '모양'입니다. 오스트랄로피테쿠스와 호모사피엔스의 생김새는 다릅니다. '피라미드'는 이집트를 연상시킵니다. 시대별·지역별로 건축양식이나 모양새는 다르죠. '원시' 건축양식, '고대'의 그리스 양식, 로마 양식, '중세'의 비잔틴 양식, 초기 기독교 양식, 로마네스크 양식, 고딕 양식, '근대'의 르네상스 양식, 바로크 양식, 로코코 양식, '현대'의 모더니즘, 포스트모더니즘 등. 모양은 그 시대의 가치와 희망에 따라 구상되고, 과학과 기술로 실현되었습니다.

원시 건축은 대략 신석기까지 만들어진 자연형 건축이며, 고대 문명의 발상지에서 나타난 건축양식은 미계급 시대의 건축과 계급 시대의 왕조 건축이 있습니다. 동굴 주거, 수상가옥, 스톤헨지와 같은 거석건축, 피라미드 등의 분묘 건축이나 왕궁 또는 신전 건축 등이 주를 이룹니다. 자연에 순응하며 무서움에 떨던, 나약하지만 희망을

도리스식

이오니아식

코린트식

도리스식 　　이오니아식 　　코린트식

그리스 오더 양식

담은 인류의 흔적이기도 합니다.

　'그리스 양식'은 섬세하고 정갈하며, 포인트는 기둥입니다. 기단 기둥인 엔타블러처Entablature로 구성된 '오더Order'(주범, 고전주의나 신고전주의 건축에서 기둥과 지붕을 기본 단위로 한 형식)가 그 특징입니다. 건물의 하중을 지지하는 기둥의 역할을 하며, 예쁜 장식도 있어요. 생김새에 따라 단순한 도리스식Doric Order, 찜질방 수건으로 만든 양머리 모양의 이오니아식Ionic Order, 나뭇잎 모양의 정교하고 우아하며 화려한 코린트식Corinthian Order 등이 있습니다. 건물의 형태는 기둥과 보로 이루어진 가구식이었으며, 도시 계획은 히포다모스의 원칙에 의하여 격자형 가로망 체계를 도입하였습니다. 지역제를 도입하여 토지를 주거·공공·상업 지역으로 구분하고, 상하수도를 설

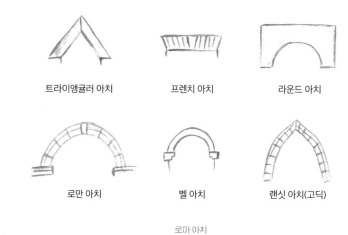

트라이앵귤러 아치   프렌치 아치   라운드 아치

로만 아치   벨 아치   랜싯 아치(고딕)

로마 아치

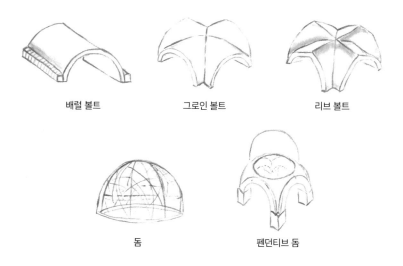

배럴 볼트   그로인 볼트   리브 볼트

돔   펜던티브 돔

로마 볼트

치하는 등 체계적인 도시 계획이 이루어졌습니다.

'로마 양식'은 크고 화려합니다. 그리스에 오더가 있다면 로마에는 '아치Arch'가 있습니다. 다리와 수도교를 건설하는 데 아치가 사용되었고, '볼트Vault'가 아치를 터널 모양으로 만들었습니다. 배럴 볼트Barrel Vault와 배럴 볼트를 교차시킨 그로인 볼트Groin Vault가 사용되면서 육중한 고층의 건축이 가능해졌어요. 입체적으로 아치를 회전시키면 원형의 공간인 돔이 만들어지는데, 로마의 판테온에서 이러한 형태를 볼 수 있습니다. 복잡한 도시에 대한 규제도 생겼습니다. 기원전 46년 '줄리아법'이 제정되었고 로마 대화재 이후에는 집합주택에 대한 건축 규제가 시행되었습니다. 건물 높이를 7층 이하로 규제하고, 석재와 벽돌 콘크리트로 건축하며, 건물과 건물의 도로폭을 넓히는 등 건축 소방법의 효시입니다. 공공시설은 바실리카 양식으로 만들어졌으며, 로마에서는 콘크리트가 사용되었습니다.

'초기 기독교 양식'은 직선의 바실리카 건축양식에 기초합니다. 초기 기독교 시대(~4세기)에 박해를 당했던 그리스도 교도의 지하분묘인 카타콤과 같은 시설이 기원후 313년 콘스탄티누스 황제의 기독교 승인 이후 9세기까지 로마의 성베드로 성당, 성사비나 성당과 같은 바실리카식 교회로 발전하였어요. 고대의 목구조인 바실리카 양식이 교회에 활용되었으며, 건축양식의 암흑기에 해당합니다. 교회를 제외하고는 특별한 건물의 발전이 없었어요.

'로마네스크 양식'은 9~11세기에 로마 건축양식의 특징을 지닌

건물을 그리워하며 만든 건축양식입니다. 일종의 복고풍이죠. 로마네스크식은 나지막하고 뚱뚱하며 육중한 느낌입니다. 그도 그럴 것이 건물의 하중을 두꺼운 콘크리트인 배럴 볼트나 그로인 볼트가 지지하고 있기 때문입니다. 전주에 있는 전동 성당은 로마네스크 양식이에요.

초기 기독교 양식인 목구조의 바실리카식 지붕 대신 로마네스크식 석조의 배럴 볼트를 덮기 시작하였고, 두 개의 배럴 볼트를 직각으로 교차시킨 그로인 볼트, 교차 볼트Cross Vault가 나타났습니다. 산티아고 데 콤포스텔라 성당이나 피사 대성당은 귀엽고 아기자기한 로마네스크 양식이에요.

'비잔틴 양식'은 5세기부터 15세기까지 동로마제국을 중심으로

▲ 피사 대성당, 로마네스크 양식
▼ 하기아소피아 성당, 비잔틴 양식

형성됐습니다. 로마는 동로마와 서로마로 분리 통치되죠. 비잔틴 양식의 특징은 돔Dome과 펜던티브Pendentive 모양의 중앙 집중형입니다. 동로마의 건축물 내부는 대리석 모자이크로 처리되어 화려합니다. 지금의 터키 이스탄불인 콘스탄티노플에 있는 하기아소피아 성당이나 이탈리아 베니스의 성마르코 성당이 대표적인 비잔틴 양식입니다. 동화에 나올 법한 모양을 하고 있고, 사람 숭배를 멀리하여 기호나 숫자로 장식을 합니다. 그리스도의 성인과 성모마리아의 그림을 불허합니다. 로마 가톨릭과 다른 그리스 정교회의 특징이죠.

'고딕 양식'은 높고 뾰족하며 압도적인 느낌입니다. '고딕'은 이탈리아 로마의 우수성과 비교되는 게르만족의 야만적인 문화를 지칭하면서 만들어진 용어예요. 게르만족의 건축양식인 셈이죠. 르네상스가 나타나기 전인 12세기부터 14세기는 교황의 권세가 강했습니다. 건물은 하늘에 닿을 정도로 높았는데, 콘크리트 재료와 '플라잉 버트레스Flying Buttress'(버팀도리, 건물 외벽이 무너지지 않도록 설치하는 버팀목)라는 구조물로 가능했어요. 교황의 권세가 느껴지는 풍모죠.

고딕 양식 시기에는 로마네스크 양식인 배럴 볼트가 리브 볼트Rib Vault와 팬 볼트Fan Vault로 발전했는데, 로마네스크 양식인 로마(반원형) 아치도 고딕 양식 시기에는 첨두아치Pointed Arch로 발전하였습니다. 프랑스 파리의 노트르담 성당과 랭스 성당이 대표적인 고딕 양식이며, 화려한 스테인드글라스가 아름답습니다.

▲ 노트르담 성당, 고딕 양식
▼ 랭스 성당, 고딕 양식

'르네상스 양식'은 인간 중심적이며 고전적인 느낌입니다. 14~16세기에 나타난 메디치가의 건축양식이기도 하죠. 엔타블러처, 코니스Cornice, 아케이드, 페디먼트Pediment, 돔 등의 모양을 한 건축물이 많습니다. 외벽은 거칠게 마감하여 재료의 질감을 드러냈는데, 이는 '러스티케이션Rustication 기법'이라 불립니다. 고대 로마의 건축양식을 과학기술적으로 적용한 비례 체계를 사용합니다. 미켈란젤로와 라파엘로의 작품이 대표적입니다.

이 시대의 주요 공간 구성 요소는 직선 도로, 격자형 가구, 그리고 광장입니다. 대표적인 르네상스 양식으로는 필리포 브루넬레스키Filippo Brunelleschi의 피렌체 두오모 성당 그리고 로마 성베드로 성당과 미켈란젤로의 캄피돌리오 광장이 있습니다. 그리스·로마 양식처럼 보이기도 합니다.

'바로크와 로코코 양식'은 풍요롭고 장식적이며 감각적입니다. 바로크가 웅장하고 호탕한 남성적인 왕의 건축양식이라면, 로코코는 여성스럽고 섬세하며 화려한 왕비의 실내장식에 비견됩니다. 바로크 양식은 돔 모양의 지붕과 권위적으로 내려다보는 직선의 비스타Vista(경치)가 시원합니다. '불규칙한 진주'라는 어원에서 말하듯, 파동 벽면(파도치듯 출렁이는 모양의 벽면), 와형 장식(소용돌이처럼 빙빙 도는 모양의 장식), 곡선형 코니스(추녀 돌림띠, 층과 층 사이에 곡선형 띠 모양의 돌출부)가 돋보입니다. 왕은 모든 것을 내려다보고, 사람들은 왕을 우러러봐야 합니다. 권위적이며 화려합니다. 절대주의

피렌체 두오모 성당, 르네상스 양식

양식입니다.

17세기 이후 절대왕권을 기반으로 한 궁전 도시의 건설이 이루어졌습니다. 기하학적인 형태와 전망을 가진 직선 도로, 격자형과 방사형을 조합시킨 정원과 원형 광장 등이 주된 구성 요소입니다. 이 시기 건축물로는 베르사유궁전이 대표적이며, 궁전을 중심으로 한 정원은 도시와 연결되어 있습니다. 광대한 오픈스페이스를 확보하였으며, 화단·분수·개울·수열 등이 아름다운 조경 기법 형성에 크게 기여했어요. 광장은 근대 서구의 가장 우수한 도시 설계 요소였는데, 기능에 따라 전정 광장, 기념비 광장, 시장 광장, 교통 광장, 근린 광장으로 구분되어 발전합니다.

'모더니즘'은 자본주의 초기 양식으로 미스 반 데어 로에Mies Van Der Rohe(1886~1969)가 말한 "단순할수록 아름답다Less Is More"로 잘 표현됩니다. 당시에는 도시로 몰려든 노동자에게 집과 공장 그리고 상하수도를 공급하는 것이 시대적 요구였죠. 그래서 건물은 단순하고 기능적이며, 높고 효율적일 수밖에 없었습니다. 대량으로 빨리, 표준 공간을 제공해야 했기 때문이죠. 장식이나 화려함을 표현할 겨를이 없었습니다. 철근콘크리트와 철골구조 그리고 엘리베이터라는 수직 이동 기술을 통하여 건물을 높게 지을 수 있었죠. 르 코르뷔지에Le Corbusier(1887~1965)는 "집은 거주를 위한 기계"라고 말하며 '대중을 위한 집의 대량 공급'을 꿈꿨습니다. 아파트의 원조 격인 '유니테 다비타시옹Unité d'Habitation'을 계획하고 건설했죠. 시대정신에

1장 공간 역사학

55

로마 성베드로 성당

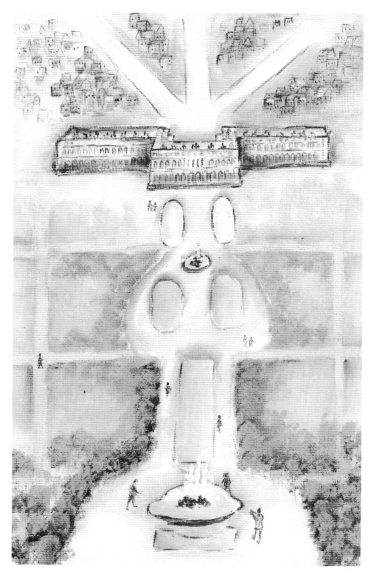

베르사유궁전

적합한 건축양식이 탄생한 셈입니다.

　모더니즘 건축가들은 고전 건축에서 볼 수 있는 권위적인 장식을 없애고, 기능주의Functionalism에 입각해서 최대한 단순한 형태의 건물을 디자인했습니다. 하지만 모더니즘은 '기능 만능', '비인간화'라는 비판을 동시에 받습니다. 1958년 르 코르뷔지에의 제자인 미노루 야마사키Minoru Yamasaki는 '프루이트 아이고Pruitt-Igoe'라는 집합주택을 지었죠. 대량생산된 부품으로 짧은 기간 안에 적은 비용으로 건물을 완공했습니다. 그러나 당초 기대와는 달리 사람들은 그 주택에서 떠났고, 슬럼Slum화되어 지어진 지 16년 만에 철거되었습니다. 이 실패와 함께 모더니즘도 문을 닫았죠. 감성까지 담는 데는 실패한 셈입니다.

　'포스트모더니즘'은 로버트 벤투리Robert Venturi의 말 "적을수록 지루하다Less Is Bore"에 잘 나타납니다. 단순 기능의 모더니즘이 지루하다는 탈모더니즘인 동시에 후기모더니즘인 거죠. 디자인의 무게중심도 기능적 획일성에서 사람의 다원성으로, 기술에서 예술로 이동하였습니다. 뭔가 불편하면서 신선하기도 합니다. 대량생산에서 벗어나 다품종 소량생산에 기반을 두고 다양성과 개성을 중시하게 되었으며, 대칭에서 비대칭 모양으로 바뀝니다. 기존 것과 다른 해체주의 성격을 띠며, 시대의 문제를 해결하고 대중과 소통하는 대중성을 중시합니다.

　빌바오의 '구겐하임 미술관'은 대표적인 포스트모더니즘 작품입

모더니즘의 종료, 프루이트 아이고

니다. 미술관 입구에 설치된, 7만 송이가 넘는 꽃으로 만든 큰 강아지 퍼피Puppy와 높게 솟은 거미 조각이 인상적입니다. 미술관은 티타늄과 유리를 절묘하게 사용하여 이국적이며, 보는 각도에 따라 물고기 같기도 하고 꽃송이 같기도 합니다. 기둥 없는 철골구조로 내부에서도 관람객의 위치에 따라 모양이 역동적으로 변합니다. 프랭크 게리Frank Gehry가 설계했는데 건물과 조각 예술의 경계를 허문 해체주의 작품으로 평가되고 있습니다.

포스트모더니즘은 렘 쿨하스Rem Koolhaas가 얘기하듯 자유롭고 인상적입니다. 프랭크 게리의 프라하에서 춤추는 '댄싱하우스Dancing House'와 피터 아이젠만Peter Eisenman의 '주택 6House VI'에서도 포스트

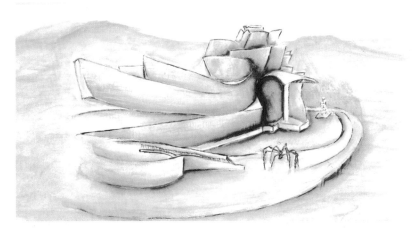

▲ 빌바오 구겐하임 미술관, 포스트모더니즘
▼ 프라하 댄싱하우스, 포스트모더니즘

모더니즘은 잘 드러납니다. 침실 바닥, 벽체 등은 고정관념을 깼습니다. 칠레 리토케Ritoque에 위치한 '오픈시티Open City'처럼 디자인 과정에서 사용자의 의견을 듣고, 거주 후 사용자에 의한 리모델링이 가능하도록 해 대중과 소통한 작품도 있습니다. 대중에게 열려 있는 건축이죠.

공간의 역사를 보면 참 다양하다는 생각이 듭니다. 네부카드네자르의 사랑이 담긴 공중정원, 왕의 권위와 비인간적인 순장殉葬을 증언하는 진시황릉, 교회의 권위를 나타내는 첨탑과 대중의 아파트 등. 공간은 민족마다 지역마다 시대마다 같은 기능을 하더라도 다른 모습을 하고 있어요. 집도 다르고 공원도 다릅니다. 때론 자연을 개척하고, 때론 자연에 순응하며, 조화롭게 공간을 만들어왔습니다. 어느 하나 같은 것이 없고, 같은 문제도 다른 방법으로 풀었습니다. 추위를 막는 방법도 달랐고 소원하는 공간도 달랐습니다. 새로 생겨나기도 하고 없어지기도 하고 고쳐 쓰기도 하며 꾸준히 발전했습니다.

공간의 역사는 말합니다. 도전과 응전 그리고 생각을 통하여 지속 가능한 공간은 계속 진화합니다. 꿈을 꾸고 시도하고 그렇게 넘어지고 쓰러져도 언젠가는 이루어왔습니다. 할아버지와 아버지가 못해도, 아들과 손주가 계속 실험하고 체험하며, 삶터를 완성하였습니다. 과학을 만들고 기술을 개발하여 꿈과 현실의 간극을 좁혀왔습

니다. 높게, 넓게, 많이 사용하는 공간 시스템으로 진화했습니다. 천
천히 그러나 쉬지 않고 지속해왔습니다. 공간의 역사는 다시 말합니
다. 뭔가를 짓는다는 것은 인간적인 것입니다.

2장

공간 철학:

생각이 다르면 공간도 다르다

시대정신을 반영한
또 하나의 시대상

고대 노예시대에는 왕과 귀족이 살던 궁전과 건물이 가장 크고 화려하며, 신의 시대인 중세에는 교회가 압도적이죠. 중세 절대왕권 시대에는 궁전이 중심이 되며, 산업화 시대에는 돈을 만드는 공장과 고층 상업 업무 건물이 도시의 얼굴이 됩니다. 그 시대의 지배층과 시대정신 그리고 가치가 고스란히 그 시대의 공간상으로 나타납니다. 세계 금융의 심장 월가가 있는 뉴욕 맨해튼에는 부富와 고효율을 상징하는 빽빽한 빌딩 숲이 가득하죠. 천주교가 일상의 가치인 바르셀로나는 100년 넘게 사그라다 파밀리아 성당을 짓고 있습니다. 공간은 그 시대의 사회경제와 관련된 사람들의 문화와 가치를 그대로 반영합니다.

미국 제16대 대통령 링컨의 "마흔이 넘으면 자기 얼굴에 책임을 져야 한다"라는 말은 아직도 유명합니다. 링컨은 대통령이 된 뒤 내각 구성을 위해 후보를 추천받았는데, 어느 추전자의 이름을 보자마자 단번에 거절했습니다. 그 이유를 묻자 그 사람 얼굴이 마음에 들지 않는다고 했죠. 거절한 이유를 듣고 당황한 비서관은 이렇게 반문했답니다. "하지만 그 사람이 자기 얼굴까지 책임질 수는 없지 않습니까? 얼굴이야 부모님이 만들어준 것이니 어쩔 수 없는 일 아닌가요?" 비서관의 말을 들은 링컨이 말했습니다. "아니, 그렇지 않다네. 배 속에서 나올 때에는 부모님이 만들어주신 얼굴이지만, 그다음부터는 자신이 얼굴을 만드는 거라고 생각하네. 나이 사십이 넘으면 모든 사람은 자기 얼굴에 책임을 져야 하는데, 그 사람의 얼굴은 불만과 의심으로 가득 차 있고, 미소 한번 살짝 짓는 걸 본 적이 없다네. 그런 사람은 아무리 실력이 있다고 해도 마음을 맞춰 함께 일하기는 힘들다고 생각하네."

기쁘거나 슬플 때 순간적으로 얼굴에 희로애락이 나타나지만, 오랫동안 같은 생각을 하거나 일상적으로 짜증을 반복하게 되면 사람의 얼굴은 바뀝니다. 웃는 주름, 짜증 내는 주름, 온화한 미소가 긴 세월에 걸쳐 얼굴에 각인되죠. 생각이 다르면 얼굴도 다르다는 링컨의 주장이 맞는 듯합니다. 그렇다면 생각이 다르면 공간도 다를까요? 이 질문에 역사는 답합니다. 서울에는 조선 한성의 모습이 온데간데 없습니다. 반면에 파리는 중세도시의 모습을 그대로 간직하고 있죠. 세계는 파리를 사랑합니다. 파리 시민과 서울 시민의 선택이 달랐던 거죠. 역사 속 선택은 도시의 얼굴을 바꾸어놓았습니다. 가치와 생각이 달라서 서울과 파리의 모습도 달라졌습니다. 이렇게 보니, 생각이 다르면 공간도 다른 것 같습니다.

전원도시와
빛나는 도시

산업혁명은 세상을 통째로 바꾸어놓았습니다. 원탁의 기사와 다르타냥이 살았던 봉건시대가 문을 닫고, 스크루지가 사는 자본주의 시대가 열렸습니다. 봉건 영주와 지주는 몰락하고, 자본가와 사장님이 세상을 지배하게 되었죠. 토지는 더 이상 생산의 거점이 아니고 부의 상징도 아니었습니다. 농노는 해방되어 자유를 얻었으나, 일터를 잃고 농촌을 등지며 도시로 떠났습니다. 농촌에서 일하던 농노는 도시에서 일하는 노동자가 되었죠.

역사가들은 산업혁명으로 인해 '봉건제'가 '자본제'로 진화했다고 평가합니다. 그러나 산업혁명 초기, 거주 공간은 퇴화했죠. 로미오와 줄리엣이 살던 마을, 푸른 언덕과 너른 들판, 깨끗한 공기와 맑은 물…. 농부는 따뜻한 햇살을 받으며 일터로 발걸음을 옮깁니다. 목동은 양 떼를 몰다가 새들이 지저귀는 나무 아래에서 감사의 기도를 드리고 점심을 먹기도 합니다. 거주 이전의 자유는 없었으나 쾌적한 거주 환경을 누렸던 봉건시대의 일터와 삶터의 모습이죠. 우리 모두가 동경하는 거주 공간이기도 합니다.

그러나 자본주의 시대 초기의 거주 공간은 지옥과 별반 차이가 없었습니다. 노동자들에게 산업혁명은 진화가 아니었죠. 찰리 채플린의 〈모던 타임스〉에 나타난 자본주의 시대의 일터와 삶터는 지옥 같은 일상을 연출합니다. 아침 일찍 출근하며 지하도에서 나오는 사람들은 중세의 양 떼와 오버랩됩니다. 채플린은 기계가 멈춘 공장에서 나사를 습관적으로 조이며 점심을 먹죠. 노동자는 기계 부속품과 다르지 않고, 기계와 노동자의 구분은 모호합니다. 노동자는 공장 옆 매연이 자욱한 벌집 같은 곳에 살고, 하수도도 정비되지 않아 전염병에 시달립니다. 자유가 보장되고 젖과 꿀이 흐를 것만 같았던 자본주의는 유토피아가 아니었죠. 빛이 있으면 그림자가 있다고 하기에는 처참했고, 자유와 거주 공간을 맞바꾼 듯했습니다.

가난한 노동자의 피폐해진 도시 거주 공간을 바꾸려는 시도가 두 명의 도시건축가에 의해 이루어집니다. 한 명은 에벤에저 하워드 Ebenezer Howard이고 또 다른 한 명은 르 코르뷔지에입니다. 자본주의 도시의 문제를 동일하게 인식했으나, 해결하고자 하는 방식이 달랐고, 해결책으로 제시한 공간의 모습도 달랐습니다. 둘은 각각 '전원도시田園都市, Garden City'라는 소도시론과 '빛나는 도시'라는 대도시론을 해결책으로 꺼내 듭니다.

▲ 봉건시대의 쾌적한 거주 공간
▼ 자본주의 시대의 오염과 공해의 거주 공간

하워드, 작은 것이 아름다운
전원도시론을 꺼내 들다

하워드는 자족적인 전원도시론을 주장합니다. 작은 것이 아름다운 소도시론이죠. 1898년 『내일: 진정한 개혁에 이르는 평화의 길 To-morrow: A Peaceful Path to Real Reform』을 출간하고, 1902년 『내일의 전원도시』(한울아카데미)로 재출간하죠. 전원도시론은 로미오와 줄리엣이 살았던 전원을 회복하고, 자연과 공존하는 도시를 만들려는 생각을 담습니다. 하워드는 "사람은 농촌Country, 도시Town, 농촌과 도시 Country-Town라는 세 개의 자석 중에서 어디에 붙어 살 것인가?"라는 질문을 던지며 고민을 시작합니다.

사람은 도시와 농촌이 유기적으로 복합화된 '전원도시'에 살아야 한다고 주장합니다. 공업과 농업이 연계된 자족 도시를 꿈꾸죠. 토지의 공공 소유를 통한 토지 공개념을 도입하였고, 개발 이익의 사회 환원을 전원도시의 원칙으로 삼았습니다. 자동차 주행보다는 걷기 좋은 크기의 도시를 중요시하였습니다. 하워드의 전원도시론

에 스며든 생각은 '감성'과 '전통'입니다. 과거에 대한 동경도 엿보입니다.

전원도시는 총인구 25만 명 정도의 집합도시를 형성하며, 지금의 도농 복합도시 체계를 구상합니다. 인구 58,000명의 중심 도시 Central City는 철도와 도로를 통해 인구 32,000명을 넘지 않는 원형의 소규모 도시Concord와 연결되죠. 전원도시의 총면적은 2,400헥타르(약 726만 평)로, 농촌 및 그린벨트 2,000헥타르(약 605만 평)에 2,000명이 거주하고, 400헥타르(약 121만 평)의 도시에 32,000명이 거주합니다. 도시는 약 5,000명이 주거하는 여섯 개의 근린주구

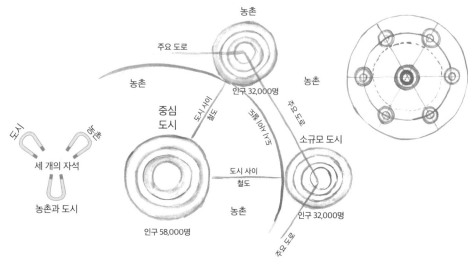

농촌

주요 도로

농촌

중심
도시

농촌

소규모 도시

도시

농촌

세 개의 자석

농촌과 도시

인구 58,000명

도시 사이 철도

1km 사이 거리

주요 도로

도시 사이
철도

인구 32,000명

인구 32,000명

주요 도로

에벤에저 하워드의 전원도시 개념

전원도시의 공공시설과 광장

로 구성됩니다.

　도시 형태는 방사 환상형의 도로 패턴을 기본으로, 도시의 중심부에 공공시설 및 광장이, 중간 지대에 주택·교회·학교가, 외곽 지대에 자본주의 도시경제를 실현하기 위한 산업 시설 및 철도가, 그 바깥쪽에 식량의 자급자족을 위한 농경 지대가 있습니다. 도시가 계획 인구에 도달할 만큼 성장한 경우에는 같은 규모의 도시를 더 만들어 여섯 개의 전원도시가 중심 도시에 방사 환상형으로 연계되도록 구상하였습니다.

르 코르뷔지에,
큰 것이 효율적인 빛나는 도시를 그리다

르 코르뷔지에는 '큰 것이 효율적'이라는 '대도시론'을 주창합니다. 수직 도시 뉴욕 맨해튼을 연상시키는 계획이죠. 1922년 300만 명을 위한 '현대 도시Ville Contemporaine 계획'이, 1925년에 파리를 대상으로 한 '부아쟁 계획Plan Voisin'으로 각색되고, 1933년에 '빛나는 도시Ville Radieuse 계획'이 세워지고, 1935년에는 이를 집대성한 『빛나는 도시Le Ville Radieuse』가 출간됩니다. 비좁고 불결한 저밀의 수평적인 파리에 고층 건물과 넓은 도로를 건설하여 수직적이고 쾌적한 파리를 만들자는 생각이었죠. 녹지를 확보하기 위해 높은 건물을 짓고, 교통 혼잡을 줄이기 위해 자동차가 다니기 편한 넓은 도로를 건설하여, 도심지의 밀도를 높이자는 원칙을 세웁니다.

이러한 원칙은 다음과 같은 생각을 바탕에 깔고 있습니다. "사람의 길은 직선이며, 당나귀의 길은 갈지자 굽은 곡선이다. 사람은 목적이 있기에 똑바로 걷고, 당나귀는 무엇도 신경 쓰지 않고 갈지자

대도시론의 고층 건물 풍경

로 걷는다. 그래서 도시의 도로는 직선이어야 하며, 직선은 교통이
나 상하수도를 설치하는 비용도 적게 든다. 길은 당나귀 길인데 사
람들이 집중되면 환경오염으로 질병과 죽음의 도시가 된다. 큰길과
녹지가 필요하다. 도시는 대수술이 필요하다." 빛나는 도시 계획에
는 르 코르뷔지에의 이성과 도시의 기능 그리고 효율에 관한 생각
이 자리 잡고 있으며, 문제 해결에 대한 적극적인 의지도 보입니다.

이 도시의 계획 목표는 이렇습니다. 첫째, 고층 건물과 녹지가 충
분히 확보된 녹색 도시를 지향하고, 둘째, 필로티Pilotis(건축물의 1층
은 기둥만 서는 공간으로 하고 2층 이상에 방을 짓는 방식으로, 본디 건
축의 기초를 받치는 말뚝이라는 뜻) 위에 건물을 지어 지상을 보행 공

75

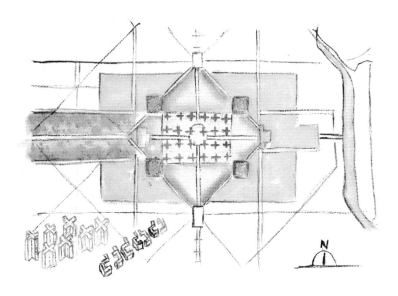

르 코르뷔지에의 300만 명을 수용하기 위한 현대 도시 개념

간으로 개방하고, 자동차와 보행이 분리된 보차분리를 시행하며, 셋째, 평지붕 위에는 옥상정원을 계획하고, 일조권을 고려한 건물을 배치합니다. 현대 도시 계획의 가이드라인 같아요.

대도시론의 빛나는 도시는 300만 명의 인구를 수용할 수 있도록 계획되었습니다. 그래서 '300만 명의 도시'라고 불리기도 하죠. 이 도시는 넓은 숲과 오픈스페이스로 둘러싸인 업무 지구에 십자형의 마천루 고층 건물(250미터, 60층 건물)과 요철형·중정형·빌라형 공동주택인 '임메블르-빌라 l'Immeuble-villas' 형태의 아파트를 배치하도록 계획하였습니다. 도시의 주거 단지는 가로 400미터, 세로

600미터의 대규모 슈퍼블록Super Block(교통을 차단한 주택·상업 지구)으로 구성했습니다.

시대가 선택한 소도시론과
대도시론의 운명

소도시론자인 하워드의 전원도시론은 실제 도시로 구현되었죠. 최초의 전원도시는 1903년 영국의 런던 북쪽 56킬로미터 거리에 건설된 '레치워스Letchworth'와 1920년 런던 북쪽 32킬로미터 거리에 세워진 '웰윈Welwyn'입니다. 레치워스는 공원, 정원, 운동장으로 둘러싸인 주거지를 슈퍼블록에 배치하고 거리를 곡선화했으며, 안전하고 편리한 보도와 다리를 만들어 보행자를 보호하였습니다. 전원도시는 미국 뉴저지의 래드번Radburn, 독일 드레스덴 교외의 헬레나우 등에 차용되었고, 아직도 많은 사람들이 동경하고 있으며, 앞으로도 동경할 것입니다.

하워드의 전원도시는 계획에만 머물지 않고 실행에 옮겨, 전 세계의 도시 계획 원리로 아직도 당당하게 자리 잡고 있습니다. '뉴어바니즘New Urbanism', '어반 빌리지Urban Village', '스마트 성장Smart Growth', '에코 시티', '녹색 도시' 등 현대 도시 계획 패러다임에 지속적인 영

영국 전원도시의 풍경

향을 주고 있지요. 그러나 자본의 가치와 충돌하면서 질 높은 거주
성이라는 당초 계획의 목적과 가치를 충실히 달성하지 못했다는 비
판도 있어요. 최선을 꿈꾸었지만 최악의 주거 환경을 해결하지는 못
했습니다.

대도시론자인 르 코르뷔지에는 빛나는 도시 개념에 입각하여 파
리 대개조 계획을 수립하였으나 이 계획안은 폐기됩니다. 당초 이
계획은 도시의 인구 집중으로 인한 주택 부족과 상수도의 미비 등
에 대한 해결책으로 환영받았죠. 특히 대규모 개발로 직접적인 이익

영국의 전원도시에서 바라본 정원

을 보는 건설업자는 환영하였으나, 시민은 결국 이 계획안에 반기를 들었습니다. 시민들이 건설업자를 이긴 셈이죠. 이런 가치와 시민의 선택 과정을 통하여 오늘날의 파리가 되었습니다.

그러나 르 코르뷔지에의 빛나는 도시 계획 중 마천루 계획은 1950년 마르세유Marseille에 아파트의 조상인 유니테 다비타시옹으로 구현되었습니다. 한국에서는 세운상가같이 공중 보도가 있는 복합 건물에서 대도시론의 영향을 볼 수 있어요. 르 코르뷔지에는 1953년 인도의 '찬디가르Chandigarh 도시 계획'을 실현시켜 현대 도시의 원형을 제시하는 등 전 세계 대도시를 통해 빛나는 도시 개념을 진화시키며 당당히 도시의 주도권을 쥐고 있습니다.

시대가 선택한 공간의 모습은 참으로 아이러니하죠. 자본주의가 확대되면서 전원도시를 동경하는 마음과는 다르게 대도시론이 현실에서의 대세가 되었습니다. 적어도 2020년 현재까지는 그렇습니다. 대도시론에 숨겨진 소도시론을 향한 수줍은 동경, 소도시론에 대한 사람들의 동경과 달리 현실의 선택은 대도시론이었습니다. 뉴욕, 런던, 시드니, 도쿄, 서울 등 세계의 도시들은 대도시론의 모양을 하고 있습니다. 높은 빌딩이 빽빽하게 들어선 고층 고밀의 도시 형태와 자동차를 위한 대로. 그곳은 사람보다 자동차가 우선인 듯 보입니다. 그러나 대도시론의 희망은 소도시론을 가리키고 있습니다.

시대에 따라
변하는 생각과 공간

소도시론은 작게 조금 실현되었고, 대도시론은 크게 많이 실현되었습니다. 최선처럼 보였던 소도시론은 최악의 주거 환경을 주도적으로 해결하지 못하고, 차선처럼 보였던 대도시론이 최악의 주거 환경을 주도적으로 해결했습니다. 그 이유를 들여다보면 이렇죠. 돈벌이 측면에서 보면 소도시론보다는 대도시론이 적합합니다. 건설산업의 든든한 지원 아래 대도시론은 힘을 얻었고, 자동차 제조사의 도움으로 대로를 골간으로 하는 부아쟁 계획이 실현되었습니다. 그러나 자본의 탐닉으로만 설명하기는 어렵습니다. 19세기 전후의 거주 환경은 날이 갈수록 악화되었고, 빠른 대책도 필요했어요. 대중의 희망은 최선의 것보다 최악에서 벗어나는 것이었습니다. 인구가 대도시에 집중되면서 주택과 상하수도 등의 빠른 기반 시설 공급은 시대적 희망이자 어젠다가 되었습니다. 질적으로 좋은 주택도 필요했지만, 우선은 대규모의 빠른 공급이 중요했죠. 오염과 질병에서 사람을 구할 수 있는 대안으로는 대도시론이 시대정신에 적절했습니다. 그때는 그게 최선이었습니다.

소도시론의 패배, 대도시론의 승리로 보이죠. 고층 아파트인 유니테 다비타시옹이 지어졌고, 현대에는 '콤팩트 시티Compact City'가 대세가 되고 있습니다. 대도시가 '메트로폴리스Metropolis'와 '메갈로 폴리스Megalopolis'로 세력을 확장하고 있습니다. 세계도시는 더 높게 더 크게 건설되고 있습니다. 그러나 아이러니하게도 거대도시의 시민들은 여전히 소도시론의 철학을 꿈꾸고 있어요. 자연권, 도보권, 토지 공개념, 사회 이익 환원, 공유 등의 계획 원칙에 지지를 보내고 있죠.

공간의 역사는 대도시론이라는 차선을 통해 소도시론이라는 최선으로 나아가는 듯합니다. 전원도시는 적게 만들어졌으나 여전히 사람들에게 동경의 대상이 되고 있습니다. 대도시는 세계 어디에

소도시론과 대도시론의 융합

나 폼 나게 많이 만들어졌으나 사람들에겐 늘 부족한 모습으로 남아 있어요. 돈과 마음의 갈등, 이성과 감성 사이의 선택 속에 모순을 담은 채 대중의 생각이 바뀌고 있습니다. 시대의 희망도 변화하고 있어요. 건설 자본도 이에 따라 가고 있어요. 공간도 변화하고 있습니다. 자본이 전원을 팔기 시작하면서 소도시와 대도시가 융합하기 시작합니다. 건물의 1층을 점령하던 주차장은 지하로 들어가고, 1층은 녹지와 정원으로 대체되고 있습니다. 건물의 면적을 줄이는 대신에 녹지를 많이 만들고, 빌딩은 높아지고 있습니다. 빌딩 중간 중간에 정원이 만들어지고, 옥상정원도 일반화되고 있습니다. 이렇게 소도시론과 대도시론은 점점 융합의 폭을 넓히고 있어요.

3장

공간 경제학:

돈 버는 공간, 똑똑한 투자

같은 집,
다른 가격

'대덕연구단지'는 쾌적하고 조용하며 녹지가 많은 전원풍의 도시입니다. 길을 걷다 "김 박사" 하고 외치면 반은 뒤를 돌아본다는 박사마을이죠. 1998년 IMF 외환위기 사태를 겪으며, 대덕연구단지의 기업 연구소들이 하나둘 문을 닫고 서울로 이사를 갔어요. 연구원들이 대덕연구단지의 40평형대 집을 팔고 서울에서 집을 구하려니 사는 건 불가능하고 전세도 얻기가 힘들었습니다. 부모님께 돈을 빌리고 나니 부모님이 "너는 평생 거기서 뭐 했니?" 하시더랍니다. '좀 더 일찍 부동산에 눈을 떴더라면!' 하고 한탄했답니다.

우리는 평생 이러저러한 이유로 몇 번의 이사를 하게 되죠. 한 푼 두 푼 돈을 모아 전셋집을 마련하고 어렵게 집을 사죠. 그때마다 우리는 고민합니다. '어디에 집을 사야 하지?', '지금 집을 사는 게 맞는 걸까?', '언제 팔아야 하나?' 이런 부동산 투자와 관리는 '투기'가 아니라 '자산 관리'입니다. 국민 교양입니다. 대덕연구단지의 일화를 반복하지 않으려면 부동산 투자와 관리에 관한 지혜가 필요합니다. 그러나 안타깝게도 우리는 국민 교양 지식, 똑똑한 투자를 배운 적이 없습니다.

일본은 잃어버린 20년 동안 집값이 폭락과 폭등을 거듭했습니다. 1983년의 도쿄 집값이 100이라면, 1991년에는 250으로 뛰었고, 2005년에는 71로 떨어졌죠. 1991년에 부동산에 투자한 사람은 2005년에 3분의 1 이하로 자산을 잃은 셈이죠. 은행에서 돈을 빌려 투자했다면, 자산 가치의 하락에 이자 부담을 이기지 못하고 망했을 겁니다. 집값이 떨어질 줄 알았다면, 1991년에 집을 팔고 그 이후에 집을 사지 않았겠죠. 그러나 그걸 알기는 여간 어려운 일이 아닙니다.

이런 일은 1998년 IMF 외환위기를 겪은 한국에서도 일어났고, 2008년 미국 리먼 브라더스 사태 후 글로벌 금융 위기 때에도 벌어

한국 주택 가격 지수 추세(KB은행 주택 가격 지수 기준)

졌습니다. 1986년부터 2021년까지의 한국 주택 가격 지수를 살펴볼까요? 1986년 집값이 100이라면, 2008년 리먼 브라더스 사태 직후 전국 집값은 358, 6대 광역시는 평균 319, 그러나 서울은 456으로 뛰었습니다. 서울은 항상 집값이 최고네요. '서울 불패'입니다. 이렇게 보면 투자는 서울에 하는 것이 답이네요. 그런데 서울에서도 강남과 강북은 집값 상승률 차이가 큽니다. 2021년 기준 강남 813, 강북 490입니다. 지역별 집값 상승률의 격차는 점점 벌어지고, 그래프는 서울 강남이 투자처라고 말합니다.

그러면 집은 언제 사야 할까요? 그리고 언제 팔아야 할까요? 집값 변동률 그래프(92쪽)를 보면, 집값 상승률은 1999, 2005, 2013년에 최하로 떨어졌고, 2002, 2007, 2021년에 최고로 상승했네요. 그러니까 1999, 2005, 2013년은 집을 사는 시점이고, 2002, 2007, 2012년은 집을 파는 시점입니다. 집값이 하락할 때는 서울보다 지방이 더 떨어졌고, 오를 때는 서울이 엄청 올랐어요. 서울 강북보다는 강남의 상승률이 높았어요. 전국 평균 1999년에 17.3퍼센트 떨어졌고, 2007년에 44.5퍼센트 올랐어요. 서울은 89.6퍼센트 올랐어요. '집은 1998년에 서울 강남에다 사는 것'이 가장 똑똑한 투자인 셈이죠.

이처럼 과거 자료를 보면 언제 어디에 투자해야 하는지를 쉽게 알 수 있어요. 점을 보는 것처럼 과거는 잘 맞추죠. 그러나 똑똑한 투자를 하려면 미래를 예측해야 합니다. 여기에 핵심이 있죠. 올해

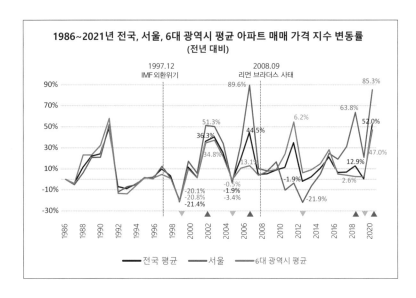

1986~2021년 전국, 서울, 6대 광역시 평균 아파트 매매 가격 지수 변동률
(전년 대비)

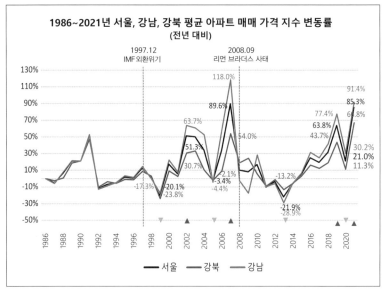

1986~2021년 서울, 강남, 강북 평균 아파트 매매 가격 지수 변동률
(전년 대비)

한국 주택 가격 지수 변동률 (KB은행 주택 가격 지수 기준)

에 집을 팔아야 할까요? 내년에 폭락한다면 팔아야 하지만, 내년 이후 올라간다면 팔면 안 되죠. 그래서 어려워요. 공간이 마술을 부릴 리가 없는데 가격은 오르고 내려요. 왜일까요? 어디가 오르고 어디가 내릴까요? 언제 오르고 언제 내릴까요?

이 장에서는 이 질문을 '공간 경제학'이라는 이름으로 풀어볼까 해요. 돈 만드는 공간, 똑똑한 부동산 투자가 그 주제입니다.

부동산과
부동산 사업의 특징

돈 만드는 공간, 똑똑한 투자의 비밀을 이해하려면, 우선 부동산 또는 부동산 사업의 특징을 알아야 합니다. 시작해보죠.

부동산의 특징 하나. 부동산은 수요와 공급 법칙이 잘 적용되지 않는 위치 독점 사업입니다. 수요와 공급 법칙이 적용되려면 상품의 차이가 크지 않아야 한다는 전제가 붙습니다. 그런데 부동산의 속성상 그렇게 되기도 어렵고, 된다 해도 오랜 기간이 필요하죠. 강남을 대체할 만한 장소도 마땅치 않고, 찾는다 해도 오랜 시간이 걸립니다. 그래서 강남 집값은 좀처럼 내리지 않는 거죠. 게다가 지역에 독특한 문화가 자리 잡기 때문에 수요와 공급 법칙의 적용은 더욱 어려워요. 부동산은 오랜 기간 독특한 문화적 위치에 있는 상품이기 때문입니다.

'강남 불패'라는 얘기 들어보셨죠? 집값이 폭등할 때마다 강남

3구, '마용성(마포, 용산, 성동)'이란 말도 자주 들리고요. 다른 지역에서 아무리 주택을 공급해도, 몇십 년이 지나도, 강남 3구는 건재합니다. 수요와 공급 법칙이 잘 적용되지 않는다는 걸 증명합니다. '위치 독점'이라는 부동산의 특성 때문이죠. 강남은 이제 문화로 자리 잡았습니다. 이런 강남의 집값을 잡으려면 강남보다 좋은 위치에 오랜 기간 집중 투자해야 합니다. 그래야 수요와 공급 법칙이 적용돼 강남 집값을 잡을 수 있습니다. 이것이 가능한 곳이 어딜까요? 생각이 필요합니다.

부동산의 특징 둘. 부동산 사업은 소문에 죽고 소문에 사는 금융업입니다. IMF 외환위기 때 현대건설은 한국에서 부동의 1위 기업이었고, 한국의 경제 발전에 지대한 영향을 주었습니다. 그런 기업이 IMF 외환위기 때 부도를 맞은 것은 또 다른 충격이었습니다. "현

3장 공간 경제학

대건설이 자금이 잘 안 돈대!"라는 소문이 돌았고, 빌린 자금의 회수가 시작됐죠. 그렇게 소문은 실제 부도로 이어졌습니다. 부동산은 기술적으로 보면 건축·토목 사업이지만, 기반은 금융에 있습니다.

소문은 자금의 흐름을 왜곡하고 원가를 높입니다. 대기업이 공장이나 사업지를 물색할 때 자주하는 실수를 한 예로 들어보죠. 사업 담당자는 마땅한 땅을 정하고, 최종 결정 전에 경영진에게 보고하죠. 사장은 좋은 차를 타고 멋진 넥타이를 매고 현장을 찾습니다. 동네에 못 보던 사람들이 나타나니 소문이 돌기 시작합니다. "누가 땅을 사러 왔나?" 소문은 매물을 들여놓았고, 땅값은 올라가기 시작합니다. 치솟은 땅값은 사업의 원가 경쟁력을 떨어뜨리고, 사업은 좌초 위기를 맞죠. 소문은 부동산 사업에 절대적인 위력을 발휘합니다. 그래서 부동산의 핵심은 소문과 금융입니다. 살 때도 팔 때도 중요합니다. 살 때는 소문이 비용이고, 팔 때는 소문이 이익입니다.

부동산의 특징 셋. 부동산 사업은 정부, 사업자, 이해 당사자 간의 게임입니다. 부동산은 상품으로 완성되기까지 이해 당사자도 많고, 행정 절차와 세금처럼 많은 제도도 관련됩니다. 행정적으로 하자가 없다 해도 사업 과정에서의 환경 단체나 지역 주민의 반대는 비용 증가로 이어집니다. 민원이 곧 돈이죠. 정부가 금리를 낮추고 부동산 규제를 풀면 국민은 대출을 얻어 집을 사고, 그러면서 집값은 올라갑니다. 낮은 금리로 대출을 받으니 투기까지 벌어지는 거죠. 민원과 금리가 부동산 가격과 게임을 합니다. 본의 아니게 정부는 '경기 부양'이라는 명목으로 투기를 부추기기도 합니다. 금리는 중요합니다. 우리는 이걸 간파해야 하죠.

2001년 서울외곽순환고속도로 구간인 사패산터널 공사 사업을 두고, 환경 단체와 불교계는 반대했습니다. 북한산 국립공원 훼손 우려가 있고, 수행에 방해가 된다는 이유였습니다. 정부는 '서울 혼잡 완화'라는 가치를 내세웠고, 2년여간의 가치 충돌로 사업성은 날로 악화되었습니다. 경부고속철도 천성산 구간에 고산 늪지와 도롱농이 발견되면서 개발 반대로 5~6년간 사업이 중단되기도 했습니다. 이해 당사자 간의 기나긴 토론이 이루어졌고, 비용은 급속도로 증가하였습니다. 이렇듯 숨은 민원을 잘 봐야 합니다.

부동산의 특징 넷. 부동산 사업의 시작과 끝은 사업성 분석입니다. 사업성 분석을 통해 투자의 성공 또는 실패를 예측하는 거죠. 그러나 투자의 조건은 수백 수천 가지이며, 이 또한 시시각각으로 변하기 때문에 투자의 성패를 예단하기는 어렵습니다. 따라서 사업성 분석은 사업의 핵심적인 성공 요소와 실패 요소를 파악하여 리스크를 최소화하는 대안을 만드는 것이라고 여기는 게 타당합니다. 여기서 핵심 요소가 어느 정도일 때 성공하고, 어느 정도일 때 실패하는지를 정해놓고, 사업 추진 과정을 모니터링하는 것이죠. 부동산 사업성 분석을 할 때는 핵심 파악과 단순 명료함이 중요합니다.

사업성 분석에 관한 일화가 있어요. 경부고속도로 건설 때의 이야기입니다. 터널 공사를 수주한 사장이 똑똑한 직원에게 사업성을 분석하라고 했죠. 똑똑한 직원은 박사 학위를 갖고 있어서 이 분야의 전문 지식이 많았어요. 100여 장의 보고서를 써서 자랑스럽게 사장에게 보고했죠. 물론 BC(비용편익), IRR(내부수익률), NPV(순현재가치) 등 사업성을 판단하는 전문적인 지표도 함께요. 사장은 보고서를 쉽고 간단하게 작성해달라고 했습니다. 사실 사장은 초등학교도 나오지 않은 사람이었어요.

다시 두세 번을 보고했으나 사장은 보고서를 반려시켰습니다. 이해하기도 어려웠고 사업의 핵심도 파악하지 못했다고 생각했기 때문입니다. "앞으로는 초등학생도 알 수 있게 작성해주게." 그리고 이렇게 덧붙였습니다. "나는 이 터널을 공사하면서 인부가 몇 명이나 죽을지 섬뜩하다네. 어떻게 하면 인부가 죽지 않고 사업을 끝낼지가 가장 궁금하네." 사장이 본 이 사업의 핵심은 사고 방지였습니다. 사장이야말로 단순 명료하게 사업의 핵심을 파악했던 거죠.

부동산 투자의
성공 원칙

수양대군은 조카인 단종을 폐위시키고 왕권을 잡으려는 거사를 모색했습니다. 이런 수양대군에게 책사 한명회는 말했죠. "주군! 모든 일의 성패는 명분名分과 천시天時에 달려 있습니다. 명분이 있어도 천시가 맞아야 성공합니다." 한명회의 조언 덕에 수양대군은 단종을 폐위시키고 세조로 등극했습니다. 이처럼 부동산도 명분과 천시가 사업의 성패를 좌우합니다. 부동산 사업의 명분은 사업 내용이 타당한가를 의미하며, 천시는 사업 타이밍입니다. 성공 투자의 원칙이라 할 수 있죠. 자세히 살펴볼까요?

부동산 투자의 성공 원칙 하나. 위치입니다. 투자 위치는 현재와 미래의 모든 수익과 비용에 영향을 줍니다. 시대별로 흥하는 땅이 있고 망하는 땅이 있어요. 성장하는 위치와 쇠퇴하는 위치를 파악하는 게 중요하죠. 거시적으로 좋은 땅은 성장 축 선상에 있습니다. 그래야 성장하면서 땅도 계속 성장하고 수익도 커지는 거죠. 두 도시를 연결하는 큰 도로가 나고, 큰 도로 옆에 포도송이처럼 개발이 송이송이 이루어집니다. 그곳이 성장 축인 거죠.

'만유인력의법칙'에 의하면 두 도시 간의 통행량은 도시 인구에 비례하고 거리에 반비례하죠. 대도시를 향하는 도로의 통행량은 증가합니다. 통행량이 많은 곳은 수익도 많고, 그래서 수익이 크게 날 땅이죠. 교통이 좋은 그곳이 성장 축 선상의 좋은 땅입니다. 쉽게 말하면 대도시로 가는 축 선상에 있고, 대도시에 가까운 곳일수록 수익을 내는 땅이 된다는 얘기죠. 대도시로 가는 간선도로에 개발 수요가 나타난다는 호머 호이트Homer Hoyt의 '선형이론Sector Theory'입니다.

이 정도는 누구나 아는 사실입니다. 좀 더 깊숙이 들어가 봅시다. 땅이 성장 축에 있다 하더라도 흥하려면 성장을 수용할 수 있는 가용지가 풍부해야 해요. 어니스트 버제스Ernest Burgess가 주장한 '동심원이론Concentric Zone Theory'이죠. 연못에 투자라는 돌을 던지면 성장이라는 동심원이 생깁니다. 연못이 클수록 동심원은 넓게 퍼져요. 이렇듯 연못이라는 가용지가 넓을수록 현재의 땅은 중심지가 될 가능성이 큽니다. 중심지가 될수록 가격 상승률은 커지게 되어 수익이 극대화됩니다. 미시적으로 수익을 얻는 곳이 어디인가, 라는 물음에 답이 될 수 있어요.

서울의 강북은 분단된 삼팔선이 성장을 수용할 수 없어 강남에서 성장이 이루어졌죠. 전국에서 가까운 곳은 강북보다는 강남인 셈입니다. 그래서 강남의 집값이 계속 오르는 거죠. 동심원이론으로 볼 때 통일이 되면 강북이 다시 좋은 땅이 될 수 있죠. 또 다른 예를 들어보죠. 예전에는 대전역 주변이 좋은 땅이었으나 경제 규모가 커지면서 서쪽 둔산을 중심으로 성장이 이루어졌어요. 대전 동쪽은 큰 산과 대청호수로 막혀 있어 뻗어 나갈 수 없었기 때문입니다. 대전역 주변은 성장을 수용할 땅이 없어서 대전의 중심을 둔산에 내어준 거죠. 이렇듯 부동산 투자에 성공하려면 땅의 위치가 미래에도 계속 중심성을 유지할 수 있는지 판단하는 것이 중요합니다.

　미시적으로는 비용이 적게 드는 즉, 원가가 낮은 위치에 있는 땅을 찾아야 합니다. 그런 땅을 찾으려면 한 1년은 보는 게 좋아요. 특히 11월과 1월 사이에 보는 것이 좋죠. 봄과 가을에는 자연이 예쁘고, 여름에는 무성해서 땅의 몸체를 볼 수 없어요. 땅의 경사나 굴곡은 토공량에 영향을 주고 건설 비용과 직결됩니다. 따라서 좋은 위치를 찾으려면 땅의 생김새를 그대로 드러내는 11월에서 1월에 보는 게 적절해요. 또한 주말과 주중 밤과 낮을 각각 봐야 땅이 가진 다양한 면을 제대로 볼 수 있습니다. 최악의 기후일 때도 땅을 보는 것이 안전하죠. 난세에 영웅이 나고, 어려울 때 좋은 친구를 알아보는 것과 같은 이치입니다

　좋은 땅은 시대에 따라 변합니다. 농경 사회에는 비옥한 곳이, 자본주의 시대에는 도로가 발달된 곳이 좋은 땅이었습니다. 시대는

부동산 패러다임을 바꾸고, 이 패러다임은 다시 부동산 가격에 영향을 줍니다. 최근에는 친환경이 중시되면서 '공기권'(산)과 '숲세권'(숲)이 대세가 됐고, '학세권'(학원)과 '역세권'(역)도 부동산 패러다임에 가세했습니다. 지식이 돈을 만드는 원천이 되면, 학세권은 학원이 아닌 대학으로 변할 겁니다. 대학 주변이 좋은 땅이 될 것 같아요. 대학은 공원이 많은 숲세권이기도 하고, 교통이 좋은 역세권이기도 합니다.

좋은 땅의 조건으로 자연이 점점 중요해지고 있습니다. 경관이 좋은 강변이나 공기가 좋은 산 주변의 아파트 가격이 높아지고 있죠. 지역별로 차이가 있긴 하지만, 법 판례에 따르면 환경권은 부동산 가격의 15~20퍼센트 정도를 차지합니다. 전문가들은 이러한 환경권의 위력이 점점 더 커질 것으로 전망합니다. 강이 보이는 곳과 산이 있는 곳 중 어디가 더 좋을까요? 경치가 좋은 '전망권'과 공기가 좋은 '공기권' 중에서 무엇을 더 선호하느냐는 질문이죠. 눈여겨봐야 할 대목입니다.

부동산 투자의 성공 원칙 둘. 독점으로 수익을 얻습니다. 수익은 대부분 독점으로부터 발생합니다. 독보적인 '위치의 독점', 경쟁력 있는 '용도의 독점', 큰 규모로 경쟁자를 이기는 '규모의 독점', 운영 노하우가 최고인 '운영의 독점'으로부터 수익이 발생하죠. 좋은 위치에 맞는 용도를 배치하고, 이 용도를 잘 운영하는 노하우와 적당한 규모를 갖추는 게 중요합니다. 질적으로 우수한 독점이 중요해지고 있어요.

우리는 1년에 서너 차례 사업자가 바뀌는 가게를 봅니다. 그런 가게는 위치가 좋지 않거나 그 위치에 맞는 업종을 못 찾았을 가능성이 큽니다. 제대로 된 용도를 찾았을 때는 가게의 규모가 수익을 좌우하기도 합니다. 반면에 위치나 용도가 적합하지 않아도 흥하는 음식점이 있어요. 이는 음식 맛이 좋고 홍보를 잘하는 등 운영 노하우가 뛰어난 경우죠. 자동차로 이동이 용이한 시대에 운영 노하우는 매우 중요한 부동산 사업의 원천입니다. 위치, 용도, 규모, 운영 노하우는 수익에 영향을 주는 요소입니다. 똑똑한 투자인지 아닌지를 평가할 때 중요한 원칙이죠.

부동산 투자의 성공 원칙 셋. 규모에 따른 비용은 고정비용과 가변비용으로 나눠서 생각합니다. 고정비용은 시설을 운영하지 않고도 내야 하는 임대료 같은 것이라 규모가 커지면 고정비용은 증가합니다. 반면에 가변비용은 손님이 많아지면 늘어나는 재료비나 인건비 같은 것이죠. 가게는 수익보다 비용이 커지는 규모로 건설하면 안 됩니다. 공급이 주도하던 시절에는 규모가 큰 것이 답이었으나, 수요가 주도하는 시절에는 수익도 한계가 있기 때문에 규모를 마냥 키울 수는 없어요. 사업 규모를 결정할 때는 수익과 비용의 줄타기를 잘 해야 합니다.

단순하게 생각해보죠. 설악산 척산온천에 에버랜드와 같은 규모의 워터파크를 짓는 것이 합당할까요? 얼핏 생각해도 옳지 않을 겁니다. 수익을 생각하면 규모가 너무 크죠. 크게 지을수록 수익보다 비용이 많이 들어 운영이 안 될 게 뻔합니다. 그래서 규모는 비용과 수익을 고려해 결정해야 하며, 비용은 고정비용과 가변비용으로 나눠 생각해야 하는 겁니다. 최소한의 수익보다 적은 고정비용을 낼 수 있는 정도의 규모여야 안전한 거죠.

1998년 엑스포과학공원의 리모델링 현상 공모가 있었습니다. 당선작은 10만여 평의 공원 중에서 시설 구역을 1만여 평으로 줄이고, 나머지는 시민공원으로 조성하는 계획안이었습니다. 이때 왜 1만여 평을 시설 규모로 정했을까요? 이유는 간단합니다. 엑스포과학공원을 찾을 것으로 예측되는 충청권의 관람객은 연간 100만 명 정도이고 이들이 내는 입장료가 수익이죠. 이 수익을 최대라고 생각했을 때, 이 수익금을 넘지 않는 규모가 1만여 평이었습니다.

예전에는 사업이 잘 되면 규모를 확장해 장사를 키웠죠. 손님들도 큰 규모의 시설을 선호했고, 그래서 수익도 많이 냈습니다. 반대의 경우도 있어요. 장사가 잘되는 가게가 더 많은 수익을 얻으려고 가게를 늘리면 종종 장사가 안 되기도 합니다. 규모가 커져서 임대료 등 고정비용이 증가하고, 규모를 키우기 위해 받은 대출의 이자를 내야 해서 자금 압박을 받고, 재료비를 아끼려다 품질이 떨어져 결국 손님이 끊기게 되는 겁니다. "규모를 키우려다 망할 수도 있다. 그래서 규모는 고정비용과 수익에 연동해서 투자해야 한다. 규모를 함부로 늘려선 안 된다." 부동산 투자의 성공 원칙입니다.

부동산 투자의 성공 원칙 넷. 천시입니다. 싸게 사서 비싸게 파는 타이밍을 찾아야 합니다. 그래서 부동산 사업은 기다림의 사업이기도 합니다. 문제는 어떻게 타이밍을 잡느냐인데, 대부분의 사람들이 가장 많이 선택하는 방법이 뭘까요? 점을 보는 거죠. 그 타이밍을 누가 알겠어요. 그러니까 점을 보고 확신을 갖고 싶어 하는 거죠. 이보다 더 좋은 과학적인 방법은 없을까요? 있습니다. 그러나 좀 어렵기는 합니다. 부동산 정책과 거시 경제 정책은 타이밍을 잡는 시계추 Timing Pendulum입니다.

부동산 세금, 개발 계획, 지가, 전세가 같은 부동산 정책이나 GDP, 환율, 물가 상승, 통화량, 금리, 주가 등 거시 경제 환경을 잘 보면 부동산 가격의 상승이나 하락 가능성을 알 수 있습니다. 일반적으로 부동산 가격과 GDP, 환율, 물가 상승, 통화량은 비례관계입니다. 이들이 커지면 부동산 가격이 오르죠. 금리나 주가와는 반대로 움직입니다. 물론 이러한 정책은 집권자의 성향에 따라 예측 가능합니다. 집권당이나 장관의 성향이 어떤지를 잘 봐야 하죠. 그래서 부동산 사업은 정치적으로도 영향을 받습니다.

그런가 하면 인구 감소나 증가도 부동산 가격에 영향을 줍니다. 일본의 경우, 인구의 노령화와 저출생으로 인구가 감소하고, 신도시와 중소도시가 쇠퇴하고 있습니다. 반면에 도쿄나 오사카 등은 안전하죠. 대도시로 사람이 몰리기 때문입니다. 지역별로 차별화가 진행되고 있습니다. 인구 감소 시대에 돌입한 한국도 이렇게 될 가능성이 크다고 전문가들은 예측합니다. 인구 구조의 변화는 부동산 가격의 선호와 증감에 큰 영향을 줄 것입니다.

똑똑한 투자
ABC

'똑똑함'이란 무엇일까요? 똑똑한 부동산 투자를 얘기한 김에 좀 확대해서 일반론을 얘기해볼까요? 우리의 일상은 항상 선택과 의사결정의 연속입니다. 똑똑한 결정은 인생을 바꿔놓기도 하죠. 뭐가 똑똑하고 뭐가 그렇지 않은 걸까요? 몇 가지 예를 들어 똑똑함에 관한 기준을 얘기해보죠. 방에 쥐가 들어왔습니다. A, B, C, D 기업은 각기 다른 조치를 취했어요.

A기업은 "쥐가 어디서 들어왔나?", "쥐를 잡으려면 무슨 조치가 필요한가?", "조치를 취하면 쥐는 어떻게 행동할까?" 등의 시나리오를 만들어 치밀하게 고민한 후 가장 효율적인 방법으로 쥐를 잡았습니다. 치밀한 계획과 시나리오가 A기업이 생각하는 똑똑함입니다.

B기업은 다짜고짜 빗자루를 들고 이리저리 뛰어다니는 쥐를 잡았습니다. 생각보다는 빠르고 저돌적인 행동을, 그리고 시행착오를 통하여 최선의 방법을 찾는 것이 B기업이 생각하는 똑똑함입니다.

C 기업은 A와 B 기업의 조치를 보고, 쥐에게 물리지 않고 가장 빨리 잡는 방법을 찾았습니다. 비록 A, B 기업에 비해 늦게 쥐를 잡았지만, 힘을 들이지 않고 리스크를 최소화하는 것이 C 기업이 채택한 똑똑함입니다.

D 기업은 담당자가 어떻게 쥐를 잡을지를 생각하지 않고 사장에게 물어봅니다. 사장의 지시에 따라 열심히 쥐를 잡았습니다. 수직적이고 일사불란한 행동이 D 기업이 생각하는 똑똑함입니다.

다른 예를 하나 더 들어볼까요? 세계 일류 기업 E는 구인 광고를 냈어요. 경영진은 어떻게 하면 좋은 직원을 채용할 수 있을지를 고민했죠. 미래에는 부의 기준이 돈이 아닌 시간이라 판단하고, 시간을 잘 활용하는 응시자를 채용하기로 결정했습니다. 시간이 가난한 시대에 잘 적응하는 직원을 뽑기로 한 거죠. E 기업은 채용 당일 일찍 오는 순서대로 응시자를 뽑았고, 최고의 인재를 영입했답니다.

어느 기업이 가장 똑똑한 걸까요? A 기업이라 생각할 수도 있지만 반드시 그렇지는 않습니다. 일어나지 않은 상황을 예측할 만한 시간 여유가 있을 경우에는 A 기업이 똑똑합니다. 그러나 시시때때로 급변하는 상황에서는 B 기업이 똑똑하고, 리스크가 큰 상황에서는 C 기업이 가장 똑똑하죠. 의사 결정이 어렵고 갈등이 많은 경우에는 D 기업이 똑똑합니다. 결국 상황에 따라 본질이나 핵심을 통찰하고 파악하는 것이 가장 중요하죠. E 기업은 핵심을 파악한 후 단순 명료하게 실행했어요.

투자란 무엇일까요? 투자의 목적은 가치 창출이고 이익 실현이죠. 단순하게 말하면 낮은 가격으로 사고 높은 가격으로 팔아서 이익을 실현하는 겁니다. 원칙은 간단한데 현실은 항상 모호합니다. 의사 결정이 쉽지 않습니다. 그래서 투자는 어렵습니다. 삼성의 반도체 투자 성공과 자동차 투자 실패 사례를 통하여 투자에 대해 생각해보겠습니다. 성공하는 투자의 포인트를 찾아보시죠.

1974년 삼성은 반도체 사업에 투자합니다. 반도체가 미래 산업의 '쌀'이 될 것이라는 예측 때문이었죠. 그 예측은 적중했으며 삼성은 세계 일류 기업이 됐어요. 그러나 과정은 순탄치 않았죠. 자본금을 잠식당한 반도체는 삼성에게 '미운 오리 새끼'였습니다. 그럼에도 불구하고 투자는 계속되었습니다. 1985년 플라자 합의로 일본에 경제 불황이 닥쳐 반사이득으로 성장의 기회를 잡았습니다. 2007년 글로벌 업체와의 치킨 게임에서 이기고, 2008년 글로벌 위기를 극복하며 세계 초일류 기업이 되었습니다. 예측이 옳았고 이에 기반을 둔 지속적인 투자로 성공한 셈이죠. 독점적 기술 우위를 점하며 이익도 독점하게 되었습니다. 성공 요인은 정확한 예측과 온갖 비난과 반대를 이겨내는 맷집이었습니다.

1995년 삼성은 반도체 이후 미래의 먹거리로 자동차산업에 진출합니다. "우리가 GDP 4~5만 달러의 선진국이 되려면 덩치가 크고 전후방 산업 파급 효과가 큰 자동차산업에 진출해야 한다. 미래에 자동차는 기계산업이 아니라 전자산업이 될 것이다"라는 예측이 있었습니다. 이는 2020년 현재의 자율주행 자동차와 전기차의 주가를 보면 정확했죠. 그러나 IMF 외환위기로 첫 모델 출시 후 2년 만에 법정 관리에 들어갔습니다. 만약 삼성이 1~2년 뒤에 자동차산업에 진출했더라면, 그래서 벤츠와 BMW처럼 삼성차와 현대차가 경쟁하는 구도였다면 어땠을까요? 미래 예측은 옳았지만 투자 타이밍에 실패한 거죠.

흔들림 없는 40여 년간의 지속적인 반도체 투자 성공과 세계 초일류 기업 등극, 그러나 'SM5' 자동차 출시 후 2년 만에 '법정 관리'라는 자동차 투자 실패, 삼성의 이 두 사례를 보면 투자의 성공 포인트가 보입니다. 정확하고 자세한 미래 예측, 들어가고 빠지는 투자의 타이밍, 그리고 벤치마킹과 모니터링을 통한 맷집 좋은 지속성이 핵심입니다. 투자는 99퍼센트가 준비되어도 1퍼센트가 부족하면 성공하지 못합니다. 똑똑한 투자는 단순 명료한 핵심의 통찰과 타이밍 그리고 지속 가능성이 전제되어야 합니다.

지속성을 유지하려면 갈등을 잠재우는 확신과 실천이 필요합니다. "마누라와 자식 빼고는 모두 바꿔라", "뒷다리를 잡지 말라" 그리고 '출퇴근 7.4제'. 이 모든 것은 시대를 읽는 미래 위기 예측에서 나왔습니다. 바꿔야 산다는 확신이 있었고, 그래서 문화를 바꾸려는 과감한 조치를 감행했습니다. IMF 외환위기를 예측했음에도 불구하고 자동차산업 진출 타이밍을 잘못 잡은 것은 아이러니합니다. 투자는 시대를 읽는 통찰과 판을 바꾸려는 철학 그리고 실행을 위한 문화를 통해 완성됩니다. 새로운 판이 시작되는 4차 산업혁명의 시대에도 이러한 투자 ABC는 유효할까요?

이 장에서 논했던 똑똑한 부동산 투자의 지혜에 대해 우려와 사족을 달고 싶습니다. 집이 필요 없는데 집을 사서 정작 집이 필요한 사람이 집을 못 사는 데 일조하는, 일명 '투기'는 똑똑한 투자일까요? 인생에서 많은 시간을 투기에 쓰는 것이 똑똑한 투자일까요? 돈을 많이 버는 것은 좋은 일이죠. 그러나 다 좋은 것은 아닙니다. 돈을 벌려고 무언가를 포기했다는 뜻이기 때문입니다. 가난한 것은 불편하고 힘들죠. 그렇다고 나쁜 건 아닙니다. 돈 버는 데 시간을 쓰지 않고 다른 데 시간을 쓰며 원하는 무언가를 얻었기 때문이죠.

무엇이 똑똑한 투자일까요? 좋은 것을 선택하는 것이죠. 사람마다 '좋다'의 가치 기준이 다르니 선택도 다릅니다. 똑똑한 투자의 기준은 사람마다 달라요. 때로는 행운도 가세하고, 때로는 불행과 역경도 따르죠. 상황은 항상 모호합니다. 그러나 체크할 수 있습니다. 예측을 하려면 질적으로는 통찰이 있어야 하고, 양적으로는 단순한 지표로 표현되어야 합니다. 실행할 때는 어떤 어려움도 견딜 만한 맷집이 있어야 하고, 시작과 끝을 맺을 타이밍을 정해야 합니다. 그리고 결정한 일은 지속 가능한 가치가 있어야 하죠. 다 해놓고 "여기가 아닌가 봐요" 하면 얼마나 억울하겠어요. 열심히 혼을 불어넣어 한 일에 가치가 있어야 합니다. 이게 똑똑한 투자의 체크리스트입니다.

4장

공간 심리학:

해야 하는 것에서
하고 싶은 것으로

사람의 마음과 심리,
그리고 공간

사람의 심리는 공간의 만듦이나 선택에 영향을 줍니다. 요즘 젊은이들은 지하방, 옥탑방, 고시원을 통칭해 '지옥고'라고 부릅니다. 많은 의미가 담겨 있는 말 같습니다. 10제곱미터(약 3평) 남짓한 고시원은 작습니다. 젊은이들은 '닭장'이라 부릅니다. 폐소공포증을 호소하죠. 공간은 사람의 마음에 영향을 줍니다. 이런 점을 이용해서 백화점에는 창문을 만들지 않습니다. 상품에만 신경 쓰게 하려는 거죠. 공간 마케팅입니다. 그런가 하면 "조상의 묘를 잘 써야 부귀와 영화가 온다"는 말에 대통령 후보들의 마음이 달라집니다. 조상의 묘를 옮기기까지 합니다. 빈 카페나 교실에 들어선 학생이 구석진 곳이나 뒷좌석에 앉는 건 인류 유전자에 각인된 보호본능, 안전 욕구 때문입니다. 사람, 심리, 마음, 공간은 전방위로 영향을 주고받습니다.

　매슬로Abraham Maslow는 인간의 욕구를 다섯 단계Maslow's Hierachy of Needs로 나누어 설명했죠. 생리 욕구, 안전 욕구, 사랑과 소속 욕구,

존경 욕구, 자아실현 욕구입니다. 긴 세월 동안 공간은 인간의 욕구를 실현해주었습니다. 먹고살기 위해(생리 욕구) 강가에 집을 지었고, 천둥 번개와 맹수를 피하기 위해(안전 욕구) 동굴에 거주했으며, 씨족이나 부족이(사랑과 소속 욕구) 마을을 이루며 살았죠. 명예욕과 권력욕(존경 욕구)은 고층 건물과 기념비를 만들었고, 휘황찬란한 장식의 맥시멀 라이프나 '소확행'의 미니멀 라이프를 즐깁니다(자아실현 욕구). 인간의 욕구는 공간을 디자인하고 짓습니다.

사람의 마음은 위치, 거리, 높이, 넓이, 밀도로 공간에 표현됩니다. 에드워드 홀Edward T. Hall은 심리적으로 편한 거리를 얘기했습니다. 46센티미터 안에 있으면 애인처럼 친한 사이이고, 1.2미터 안에 있으면 친구나 동료 사이라고 할 수 있대요. 3.8미터 이내에 있으면 사회적 관계이고, 3.8미터 이상이면 공적 관계라고 합니다. 민족마다 사람마다 차이는 있지만 그렇답니다. 이렇듯 공간의 물리적 거리는 마음의 거리와 비례합니다. 거리에 따른 심리입니다.

루이스 칸Louis Kahn은 소크Jonas Salk 박사의 요청으로 소크 연구소의 천장을 3미터로 높이고, 마당은 비웁니다. 마당에는 나무나 꽃, 풀조차도 없습니다. 일반적인 천장 높이가 2.4미터임을 감안하면 파격적이죠. 그는 천장이 높은 프란치스코 수도원에서 소아마비 백신에 대한 아이디어를 얻었습니다. 천장이 높으면 창의력이 샘솟고, 낮으면 집중력이 높아집니다. 높이에 따른 심리입니다. 빈 마당은 바람과 햇빛을 받으며 새롭게 창조됩니다. 그 덕분인지 작은 연구소에서 노벨상 수상자가 다섯 명이나 나왔답니다.

1인당 최소 주거 기준은 14제곱미터(약 4.2평)라고 합니다. 면적이 삶의 질에 영향을 주기 때문이죠. 시골 사람은 붐비는 역에 들어가면 울렁증을 호소하기도 합니다. 쭉쭉 뻗은 빌딩에 위압당합니다. 그래서 휴먼 스케일의 공간을 요구하죠. 넓이와 밀도에 따른 심리입니다. 독일의 공간 심리학자 바바라 페어팔Barbara Perfahl은 공간이 사람에게 영향을 준다고 주장합니다. 공간을 잘 만들면 소통이 원활해지고 스트레스가 줄어든다고 얘기합니다. 이는 최근 회자되고 있는 살고 싶은 집, 편하게 느끼는 힐링 공간, 건강한 공간, 장애 없는 공간, 모든 사람을 위한 공간, 안전 중시 공간 등과 맞닿아 있습니다.

사람의 마음은 공간에 스며들고, 공간의 느낌은 사람 마음에 깃듭니다. 그래서 공간은 원래 '좋아하는 것Like'에서 시작되고, 좋아하는 것과 친합니다. 대부분의 공간은 생리·안전·사랑과 소속의 욕구에 따라 디자인되고 지어집니다. 뇌에게 공간이 신경에 거슬리지 않느냐고, 행복하냐고 질문합니다. 뇌가 공간에게 안전하냐고 물음을 던집니다. 이는 신경건축학Neuro-Architeture의 주제입니다. 언젠가부터 잃어버린 공간에 대한 꿈을 묻습니다. 안타깝게도 개인은 살고 싶은 삶을 직접 디자인하는 대신 다른 사람들이 좋다고 하는 삶을 좇습니다. 공간을 직접 짓는 대신 회사가 만든 공간 상품 메뉴를 보고 그중에서 고릅니다.

이 장에서는 공간 심리의 실종 내지는 망각을 얘기해볼까 합니다. 더불어 공간을 만들어보려는 공간 심리의 회복도 다루어보겠습니다. 살고 싶은 삶, 살고 싶은 집, 걷고 싶은 거리를 생각으로나마 소환해볼 예정입니다.

살고 싶은 삶

다소 오래된 삶에 대해 얘기하려 합니다. 한때 인터넷에서 회자되었던 중산층의 기준(2013년, 박무성, 〈국제신문〉, 「나는 과연 중산층인가?」)이 있습니다.

한국 사람들이 생각하는 중산층은 30평 정도의 집을 소유하고, 2000시시급 중형차를 타며, 1년에 한 번은 해외여행을 갈 수 있어야 한답니다. 이 기준은 지금도 유효한 것 같습니다. 그런가 하면 프랑스 사람들은 외국어나 스포츠 그리고 악기를 하나 정도 하거나 다룰 수 있어야 하고, 자기가 잘하는 요리로 손님을 대접할 수 있어야 하며, 약자를 돕는 봉사활동을 지속적으로 하고, 불의에 저항할 줄 알아야 중산층이랍니다. 남의 아이를 내 아이처럼 꾸짖는 것도 포함되더군요. 이는 조르주 퐁피두 전 대통령의 1969년 공약집에 수록된 것이기도 합니다.

옥스퍼드대학교가 제시한 영국 중산층의 기준을 살펴보면 자기

주장과 신념이 있고, 페어플레이를 해야 하며, 독선을 경계하고, 약자를 돕고, 불의에 저항할 수 있어야 합니다. 개인과 공동체를 만드는 데 필요한 기준입니다. 미국 학교에서 가르치는 중산층은 자기주장이 있어야 하고, 부정에 저항할 줄 알아야 하며, 비평지를 정기적으로 구독하는 사람들이라지요. 개인의 의지에 기반을 둔 사회적 정의나 포용을 중시하고, 개인의 행복과 취향 그리고 여유를 중요시하네요. 나라마다 차이가 좀 있죠. 역사 발전이나 경제 수준에 따른 희망의 차이도 느껴집니다.

　서구는 허구적 삶을 경계하는 듯합니다. 요리나 스포츠, 악기 등을 즐기는 삶이 중요해 보입니다. 우리의 중산층은 물질적으로 과시하는 측면이 강합니다. 그래도 4.19 혁명, 5.18 민주화 운동, 6월 민주항쟁, 촛불 혁명 등을 거치면서 세계도 찬사를 보내는 중산층의 기준을 만들고 있습니다. 정치·경제·사회적으로는 눈에 띄게 달라졌습니다. 쓰레기 없는 시위도 인상적입니다. 그러나 여전히 국가가 우선시되고, 개인의 삶은 후순위처럼 보입니다.

그도 그럴 것이 한국은 압축 성장 과정에서 뭐든지 빨리 만들어야 했고, 유교 사회의 예절이 중요했으며, 개인보다는 집단에 맞추어야 했습니다. 술은 모두 같이 마셔야 했고, 그렇지 않으면 왕따 비슷하게 됐죠. 우리는 같이 잘 살아야 했으며 다른 사람이 하면 나도 해야 했지요. 남의 눈이 중요하고, 명령하는 사회에 익숙합니다. '해야만 하는Must' 사회에 살고 있습니다.

우리가 아닌 내가 살고 싶은 삶이 있나요? 내가 살고 싶은 집은 있나요? 표정 없는 아파트, 우리 집의 자화상을 보면 '있다'고 선뜻 답하기 어렵습니다. 집은 삶을 보호해주는 껍데기인 동시에 '내가 살고 싶은 삶'의 3분의 1 이상을 책임집니다. 잠만 잔다 해도 여덟 시간은 집에 있죠. 상품으로 취급받는 집을 빨리 많이 지어야 하는 시대, 노동의 기쁨보다는 분업의 효율이 중요한 시대를 살며, 안타깝게도 우리는 집을 짓지 않고 샀죠. 짓는 즐거움 대신 메뉴를 고르는 즐거움으로 위안받았습니다. 집도 생각 없이 지은 건 아닐는지요. 살고 싶은 삶이 없었듯, 살고 싶은 집도 없었던 것 같아요.

외국인들이 우리네 아파트에 들어오면 깜짝 놀랍니다. 표정 없는 아파트의 외관과 달리, 개인의 취향이 물씬 풍기는 집주인의 인테리어를 본 거죠. 이런 걸 보면 우리에게 집에 대한 소망과 생각이 없는 건 아닌 것 같아요. 생각을 펼치고 상상을 나누는 소통의 장이 부족했고 소극적이었던 거죠. 집을 짓는 과정에서 오는 많은 즐거움을 잊고 산 것 같습니다. 이제라도 이러한 즐거움을 찾아보는 건 어떨는지요. 살고 싶은 삶에 이어, 다시 살고 싶은 집을 생각해봅시다.

살고 싶은
집

집을 얘기하려면 생활, 일 그리고 삶을 빼놓을 수 없습니다. 원시시대에는 비를 피하고 맹수로부터 안전할 수 있는 집이 기본이었습니다. 보호Shelter 기능이죠. 자본주의 시대에는 빨리 많이 지어놓은 기성품인 아파트를 선택할 수밖에 없었어요. 요즘은 주민이 참여하여 표정 있는 아파트를 만들고 있습니다. 아파트는 마음대로 짓지 못할 것 같지만, 최근의 아파트는 거주자의 희망을 담아 표정 관리를 합니다. 주문형 아파트는 물론이고 삶의 다양성과 가치를 담은 아파트가 만들어지고 있습니다. 살고 싶은 집을 살고 싶은 삶에 맞추어 짓고 있습니다.

세상이 변하면서 집에 대한 트렌드도 바뀌고 있습니다. 삶도 변화하고 집도 변합니다. 부동산 투자자문사 '알투코리아'와 '희림종합건축사사무소'가 살고 싶은 집에 대한 설문을 해보니, 환경이 대세가 되면서 쾌적한 집을 선호하는 추세라고 하더군요. 이제 환경은 선택이 아닌 생존의 문제입니다. 미세먼지가 생존을 위협하면서 공기 정화는 필수가 되었습니다. 쾌적한 숲과 산의 '공기권'이 중요해지고, 숨 쉬는 공간의 중요성은 더욱 커질 예정입니다. 적은 소음과 깨끗한 물, 시원한 전망도 중요시합니다. 저 푸른 초원 위에 그림 같은 집이 좋죠. 범접할 수 없는 로망인가요.

집이 점점 똑똑해지고 있습니다. 밖에서도 집을 컨트롤할 수 있습니다. 밖에서 실내 온도를 미리 높이고, 가스 밸브도 잠글 수 있어요. 에너지 비용을 절감하기 위한 지능형 설비가 집 안 곳곳에 설치되어 있고, 안전을 위한 카메라는 어디에나 있습니다. 프라이버시를 위협받을 정도입니다. 이제 스마트 가전이 설치된 스마트 홈Smart Home은 기본이고, 집에서 일할 수 있는 직주일체職住一體 공간도 생겼습니다. 오락을 즐기고 좋은 음향으로 영화를 감상하는 공간도 있습니다. 청소 로봇이 집에 있습니다. 정보통신이 만드는 4차 산업혁명이 시작되면서 스마트 기술이 집으로 들어오고 있습니다. 먼 미래가 아닌 지금, 우리의 집입니다.

30평형대의 집을 선호합니다. 이제는 방 네 칸을 선호하지 않아요. 핵가족화도 절정에 이르고, 이에 따라 조식을 주는 아파트, 가사 해방을 돕는 단지를 선호하네요. 부부가 맞벌이를 하니 가사 도움을 받아야 하는 거죠. 게다가 청년 1인 가구와 노년 1인 가구가 많아지면서 작은 주택을 선호합니다. 일만 알던 베이비부머 세대의 시대가 저물고, 새 시대의 주역 밀레니얼 세대는 개인적이고 고급스러운 삶을 중시합니다. 아파트에는 레스토랑과 헬스클럽이 있고 헬스케어가 지원됩니다. 건강을 챙기는 집이죠. 골프장과 수영장도 있어요. 이만하면 호텔 수준의 고급화라 할 수 있습니다.

집에 대한 가치관도 변화하고 있습니다. 임대주택에 대한 거부감도 줄어들고 있어요. 집을 투자라기보다는 사용하는 공간이라고 인식하기 시작했습니다. 그러나 집값이 비싸서 소유하기 어렵다는 현실 인식 또한 혼합되어 있어요. 조금 슬픕니다. 갖고 싶지만 가질 수 없는, 아픈 현실 같아요.

그에 대한 대안으로 공유 공간이 늘어나고 있습니다. 함께 놀고 운동하며 담소하는 커뮤니티 공간이 점점 커집니다. 노인이나 아이의 돌봄 공간, 세대 간의 공감 공간도 이런 경향을 반영합니다. 개인의 프라이버시가 중요해지고 함께하는 삶을 중요시합니다. 외로움의 반증일까요?

여러분은 살고 싶은 집에 대해 생각해보셨나요? 한국에 사는 사람이라면 요즘 생각이 좀 복잡할 겁니다. 어떤 이는 "지금 살고 있는 집이 재개발되면 어떻게 하나?" 걱정합니다. 또 어떤 이는 "지금 살고 있는 집이 재개발되지 않으면 어쩌나?" 걱정합니다. 법적으로 주민의 3분의 2가 찬성하면 재건축이 될 수밖에 없어요. 아파트는 한 개인의 의지와는 관계없이 언젠가는 재건축될 것입니다. 한국 아파트의 운명이죠. 생로병사의 운명 같은 거죠. 재개발은 좋은 집이 생기고 집값도 올라간다는 점에서 환영할 만한 일이지만, 한편으로는 추억을 잃는 일이기도 합니다. 집은 단순한 의미의 집 그 이상이죠. 한국 사람이라면 누구나 집에는 삶과 추억이 함께합니다. 추억해볼까요?

동네가 재개발되면 사라질 보물이 집에 가득합니다. 모두 사라지면 슬플 것 같습니다. 화장실 문 옆에는 연필로 그어놓은 줄이 가득합니다. 두 아이를 키우면서 키를 쟀던 표식입니다. 키 재는 줄자처럼 보여요. 그런가 하면 벽에는 아이들이 그려놓은 정겨운 그림들이 있습니다. 이제 생각해보니 맘껏 그리지 못하게 막은 게 아쉽네요. 그리는 대로 둘 걸 그랬나 봅니다. 불을 끄고 누우면 별이 가득합니다. 천장에 붙여놓은 형광별이 아직도 기능을 하고 있어요. 어렸을 적 문틀에 걸어놓았던 그네에서 잠자던 아이가 자라 이제는 아빠 운동하라고 문틀에 철봉을 걸어놓았습니다. 문에는 아이의 대학 입학

합격증이 아직도 붙어 있어요. 다 커서 집을 나간 아이들의 흔적이 여기저기 가득합니다.

집을 나서면 어렸을 때 놀던 모래터와 하늘 높이 날던 그네도 있습니다. 아이들이 술래잡기하고 친구들과 잡고 잡히던 정글짐과 철봉도 있어요. 낡았지만 롤러스케이트장도 한 켠에 있고, 무엇이든 살 수 있는 문방구와 슈퍼도 있습니다. 아이들이 커서 독립을 했는데도 아이들의 안부를 물으시는 슈퍼 아줌마와 나누는 담소가 정답습니다. 자전거를 타고 동네 한 바퀴를 돌던 길도 여전합니다. 자전거를 타고 가던 집 근처 박물관 앞뜰에서 먹었던 김밥은 맛있었습니다. 화폐 박물관 옆 벚꽃 길은 화려합니다. 꽃비가 하늘거려 예뻤는데, 이제는 사람들에게 알려져 북적댑니다.

출근길에 송사리 잡고 놀라며 아이들을 데려다주던 개울이 그립습니다. 퇴근할 때 개울에 가서 데려오고는 했죠. 그래서 한글도 못 가르친 채 초등학교에 보내 아이가 힘들어했는데, 이제는 그리운 추억입니다. 아실 만한 분들이 왜 한글을 안 가르쳤느냐고 아이 담임선생님한테 아내가 혼났었죠. 체육공원에서 텐트를 치고 삼겹살을 구워 먹곤 했는데, 거기서 아이들에게 자전거 타는 법을 가르쳤습니다. 졸업한 지 15년이 지난 지금까지도 고마운 선생님과, 아이들이 줄어들어 걱정하는 학교도 있습니다.

선거할 때 가끔 학교에 가면 선생님을 뵙고는 합니다. 선생님은 학생들을 데리고 서울로 견학을 갈 때마다 옛날 제자들을 만납니다.

아이가 고등학교 때 공부하는 시간을 아끼려고 엄마가 싸준 도시락을 급하게 먹던 학교 앞 그 자리에는 다소 힘든 추억도 있죠. 삼겹살이 맛있어서 삼겹살로 2차를 했는데, 운전하던 차에서 너무 많이 먹은 큰아이가 토했던 그 길은 여전합니다. 아직도 그대로인 닭갈빗집, 청국장집도 있고, 지금도 맛있는 커피를 1,800원에 파는 카페도 있습니다. 힘든 서울 생활을 하던 아이들이 쉬러 온답니다. 이 집은 이제 아이들에게는 별장입니다. 20여 년 동안 이 집, 이 동네에서 산 추억이 가득합니다.

김중업 선생님은 "집이란 어드메 한 구석 기둥을 부여잡고 울 수 있는 공간이 있어야 한다. 그래야 좋은 집이고 집다운 집이다"라고 말씀하십니다. 이 말에 동의합니다. 그런 집에서 오래 살고 싶습니다. 집이 있는 동네도 우리에게는 정다운 곳입니다. 그래서 재개발은 짠합니다.

아파트에서만 살아온 사람들은 아이들이 어렸을 때부터 단독주택에서 살 걸, 하는 후회를 가끔 합니다. 단독주택에 살면 추억이 한순간에 사라지는 일은 없을 것 같아요. 남자의 로망, 여자의 허락이 있어야 이루어진다는 전설의 그 집을 꿈꿉니다. '욕심일까?', '사라지는 운명을 부여잡으려는 헛된 꿈일까?', '지금이라도 단독주택을 지어볼까?' 왔다 갔다 고민입니다. '어떻게 지을까?', '어떻게 관리하지?' 이런저런 생각을 하게 되죠. 어떤 이는 "그거 어떻게 관리하려고? 그런 데 가고 싶으면 펜션이나 호텔에 가면 되지"라고 합니다. 그런데 이렇게 생각하기 시작하면 아마도 집은 못 지을 것 같아요. 아내들도 반대가 심해요. 손주 봐주러 다니기 편한 곳에 살아야 한답니다. 그저 취미라고 생각하고 집이라는 꿈을 그려봅니다. 함께 상상해볼까요?

파워포인트에다 집 설계를 해봅니다. 파일 이름은 '희망의 집'으로 하죠. 르 코르뷔지에의 '어머니의 집'처럼 설계를 먼저 하고, 땅을 찾으러 다닐 생각입니다. 좋은 생각은 아니라고 봅니다만, 돈 안 들이고 상상의 날개를 펼치며 즐겨보죠! 할 수 있는 것부터 하는 겁니다. 실현 가능성을 높이기 위해 작은 오두막집을 설계하기로 해요. 프랭크 로이드 라이트처럼 멋지게 설계하기로 마음먹습니다. 본 건 있어서 꿈이 너무 크죠. 그래도 개인적으로는 꽤 오랫동안 한 생각을 설계로 옮기는 것이니 꿈에 진전이 있는 겁니다.

집은 작게 지을 생각인데 이것저것 생각하니 커지네요. 6평 정도의 오두막집을 생각하며 단출하게 1층 집으로 시작합니다. 필요한 공간을 생각하니 집이 커집니다. 부부가 살 방 한 칸에 부모님이나 장성한 아이들이 왔을 때 잘 방을 생각하면 두 칸은 더 있어야 할 것 같아요. 그래서 방이 세 칸은 있어야 할 것 같습니다. 목욕하는 걸 좋아하니 화장실과 욕실을 분리하는 문을 만들고, 목욕탕은 좀 크게 하렵니다. 부엌과 거실은 오픈된 형태로 할 생각인데 6평은 말도 안

됩니다. 20평은 되어야겠어요. '티코' 사러 갔다 '그랜저' 사서 나온다더니 그 짝입니다. 그래도 뭐 어떤가요, 꿈꾸는 건데요. 그래도 두가지 대안은 가지고 집을 그리는 중입니다.

오두막 6평짜리, 미터법으로 하면 20제곱미터가 되는데 가로와 세로의 길이를 어느 정도로 해야 할지 고민했어요. 4×5미터가 좋을지, 3.3×6미터가 좋을지…. 한국은 거실 중심의 생활을 하기 때문에 평면이 정방형에 가까워요. 서양은 복도를 따라 공간이 배치되기 때문에 장방형을 하고 있어요. 땅의 조건에 따라 다르긴 한데 내부 공간과 외부 공간의 접촉면을 넓히기 위해 긴 장방형을 택할 생각입니다. 6평짜리에 하나하나 붙여나가며, 20~30평으로 키워볼까 합니다. 이 과정이 즐겁습니다.

문제는 지붕입니다. 6평으로 지으려면 박공지붕으로 해야 2층에 다락방을 만들 수 있을 것 같아요. 좁은 공간이 넓게 느껴지도록 층고는 가능한 한 높여야 할 것 같습니다. 평지붕으로 한 후 옥상을 활용하는 것도 좋아 고민이 됩니다. 세상에 명확한 건 없는 것 같아요. 항상 모호하고 장단점이 같이 있어 결정하기 힘듭니다. 영화나 드라마의 선악 캐릭터처럼 분명하면 얼마나 좋겠어요.

그래도 집의 건물 면적보다는 마당을 훨씬 크게 할 겁니다. 이건 타협할 수 없는 명명한 신념입니다. 꽃밭 같은 걸 다양한 크기로 만들고 싶습니다. 큰 마당과 약간의 단차가 있는 여러 개의 작은 정원을 생각하고 있습니다. 지붕 추녀는 법이 허용하는 한 길게 하고, 창문 모양은 고민하고 있습니다. 이건 주변 환경의 영향을 받는 거라 미리 결정하지 않았어요. 재료도 중요한데, 이것도 기후 조건에 따라 다를 것 같아요. 물가를 생각하면 나무보다 벽돌이나 노출 콘크리트가 나을 겁니다. 싼 자재를 쓴 큰 집보다는 비싸게 작은 집을 짓는 게 맞는 것 같아요. 욕심 때문에 생각대로 되지 않는 게 문제죠. 욕심을 제어하는 게 행복한 집으로 가는 지름길인가 봅니다.

걷고 싶은
거리

걷고 싶은 거리에는 이야기가 흐릅니다. 사람이 없는 박제된 공간도 아니고, 자연이 없는 삭막한 거리도 아닙니다. 사람과 행위 그리고 자연이 있습니다. 누구에게나 공평하고 유연하며 간단하고 충분한데, 배려와 관용이 있고 접근하기 용이한 크기와 공간으로 되어 있습니다. 요즘에는 이런 거리를 만들려고 인위적으로 디자인을 합니다. 장애인을 위한 '배리어 프리 디자인Barrier Free Design'에서 시작하여 성별, 나이, 언어, 장애와 관계없이 모두를 위한 '유니버설 디자인Universal Design'으로 진화하고 있어요. 휠체어가 이동하기 쉽게 경계석의 턱을 없애고, 시각 장애인을 위해 오디오 신호등을 설치합니다. 노인이나 어린이가 활동하기 편한 거리를 만듭니다.

걷고 싶은 거리에서는 모두가 안전합니다. '셉테드CPTED, Crime Prevention Through Environmental Design'라는 범죄 예방 디자인으로 안전한 거리를 만들죠. 셉테드는 자연적 감시, 접근 통제, 영역성 강화, 명료

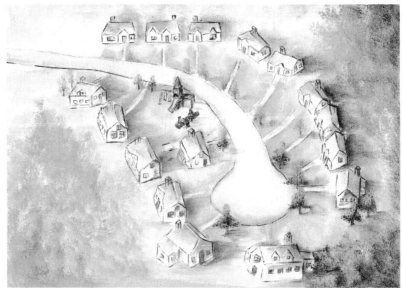

▲ 범죄 예방 디자인 1. CCTV와 SOS, 아름다운 꽃 담장
▼ 범죄 예방 디자인 2. "Eyes on the Street"와 쿨데삭

범죄 예방 디자인 3. 밤에도 환한 골목과 깨끗한 유지 관리

성 강화, 활용성 증대, 유지 관리를 기본 원칙으로 합니다. 왼쪽 그림
에서 숨은 그림 찾기를 해볼까요? CCTV를 설치하고, 어느 집에서
나 아이들을 볼 수 있는 곳에 놀이터를 배치합니다. "Eyes on the
Street"라고 사람들이 거리를 볼 수 있게 디자인해서 감시를 강화하
는 거죠. 막다른 골목을 만들거나 쿨데삭Cul De Sac으로 거리를 만들
어 통과를 허용하지 않습니다. 접근을 통제하는 거죠. 담장, 놀이터,
노인정 등의 영역을 만들고, 밝은 색채로 명료함을 더합니다. 외국
인들은 한국에 오면 안전하다고 느낀답니다. 밤이 늦어도 거리는 환
하고 사람도 많습니다. 잠들지 않는 한국 거리의 활동성에 안전함을
느끼는 거죠. 쓰레기를 버리지 않고 관리에 노력과 정성을 다합니

다. 거리는 그렇게 안전해집니다.

걷고 싶은 거리에는 품격이 있습니다. 공공디자인이 도시에 품격을 더합니다. 건축물의 외관은 예쁘고, 옥외 광고물은 정갈합니다. 색깔은 조화롭고 고급스러우며, 공원 녹지 수변 공간은 쾌적합니다. 공공 시설물은 품격 있고, 도시 구조물은 상징성과 독특함을 더하며, 야간 경관은 아름답게 디자인됩니다. 이런 품격의 거리에 자연과 사람 그리고 그들의 행위를 더하면 완벽해집니다. 거리에 '볼', '살', '놀', '먹'이 붙어 즐거워요. 볼거리, 살 거리, 놀 거리, 먹거리가 있는 거리에는 사람이 많은 법입니다. 걷고 싶은 거리에는 이런 즐거움이 있습니다. 덕수궁 돌담길에는 손잡고 걷는 연인이 없습니다. 손잡고 걸으면 헤어진다는 이야기가 있거든요. 그러고 보면 거리에는 이야깃거리도 있는 셈이죠.

걷고 싶은 거리에는 자연이 가득합니다. 순천의 선암사와 순천만 국가정원을 거닐면 명상도 할 수 있고 자연의 신비도 느껴집니다. 가을의 선암사 가는 길은 아름답습니다. 가을 단풍은 아치형 다리인 승선교와 함께 방문객을 반기죠. 선암사 입구의 승선교는 물낯에 비쳐 원형이 되고, 달과 어울려 하나가 됩니다. 입구가 참 아름답고 화려합니다. 승선교를 지나 선암사에 다다르면 만날 수 있는 돌담길은 거리의 백미예요. 입구와 달리 담백합니다. 여염집의 돌담처럼 살짝 살짝 안을 들여다보며 걷는 길이 여유롭습니다. 봄 매화는 길을 안

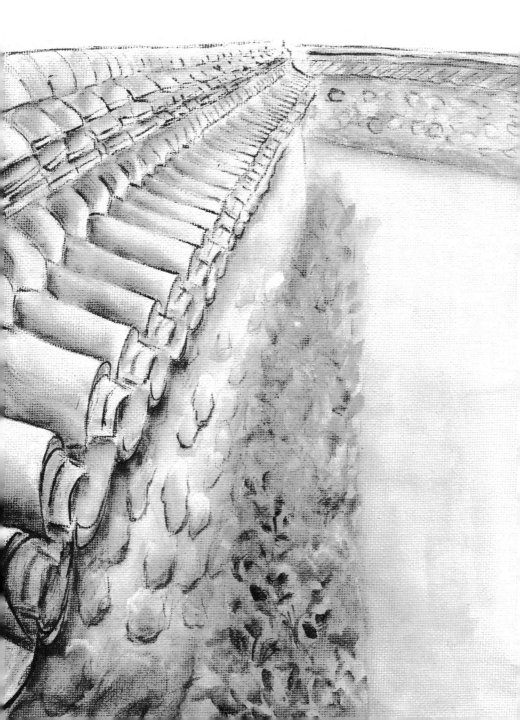

◀ 갑사 가는 길
▶ 갑사의 돌담길

내합니다. 순천만국가정원에 있는 갈대 숲길은 꼬불꼬불해 바다 습지와 잘 어울립니다. 우리가 살아온 길을 보는 것만 같습니다. 잇따라 나왔다 들어가는 게와 짱뚱어가 그리는 해 질 녘 물길은 포근합니다.

때에 따라 자연은 옷을 갈아입습니다. '춘마곡 추갑사'라 하지 않던가요. 마곡사는 호랑이나 호환, 마마도 두렵지 않다던 십승지＋勝地로 산길이 호젓합니다. 김구 선생님도 일제의 핍박을 피해 찾아왔던 곳이죠. 단아한 절집과 봄 벚꽃이 어우러져 있습니다. 가는 길 곳곳에 많고 많은 소망을 담은 작은 돌탑 무리와 따뜻한 햇빛을 맞으러 나온 자라가 우리를 반깁니다. 마곡사로 가는 버스를 기다리던 정류장의 다방이 그립습니다.

갑사 가는 길에는 천년 고목이 우뚝 솟아 있습니다. 기품이 가득한 고목은 고풍스럽습니다. 걸으며 명상이 가능합니다. 넓지도 좁지도 않은 그 길을 다시 걷고 싶습니다. 갑사 가는 길에 꼭 들르는 국수집의 맛은 최고입니다. 고기는 팔지 않습니다. 모든 절이 그렇듯 문을 지나가며 고민을 벗고 행복으로 갑니다. 갑사의 돌담길에 핀 꽃은 아름답고, 문지방 마루에 앉아 바라보는 계룡산은 평화롭습니다.

스위스 벤겐Wengen에는 여름에 걷기 좋은 길이 많습니다. 벤겐 가는 길에 우연히 들른 골동품 가게에서는 오랫동안 알고 지냈던 사람

스위스 벤겐

들을 만나는 느낌입니다. 가는 길목마다 그림입니다. 덥지 않아 좋
은데, 일광욕을 하면 피부가 데일 정도로 빛이 강렬합니다. 라우터
브루넨Lauterbrunnen에서 기차를 타고 산에 오르면 그림 같은 융프라
우Jungfrau를 배경으로 한 예쁜 마을이 나옵니다. 벤겐 역에 도착해 호
텔 전기차에 짐을 싣습니다. 운전사는 앞을 보며 운전하고, 여행객
은 뒤를 보며 갑니다. 짐칸 뒤에 발을 내리고 마차를 타고 가듯 천천
히 경치를 구경합니다.

　산골 마을 벤겐은 늦은 저녁에도 밝아요. 교회 앞 나무 벤치에서

바라보는 융프라우는 천상 같습니다. 벤치에 앉아 있노라면 동네 고양이가 어느덧 품에 들어와 융프라우를 함께 감상합니다. 사람을 무서워하지 않아요. 평화롭습니다. 모든 것을 포용할 것만 같은 자연은 보는 것만으로도 걷고 싶게 합니다. 그곳의 먹거리는 냄새로 사람을 유혹합니다. 여유롭게 거닐다 배가 고프면 입을 호강시킵니다. 여기도 먹거리, 살 거리, 볼거리, 놀 거리가 있어요.

다시 가보고 싶은데 갈 수 없는 길도 있습니다. 걷고 싶은 거리에는 추억이 가득합니다. 오래전 서울을 탈출하려고 휴가를 얻어 설악산에 갔습니다. 늘 그랬듯 설악산 가는 길은 막혔습니다. 새벽 다섯 시에 출발해서 서울은 그럭저럭 통과했는데, 양평, 홍천, 인제, 원통, 속초에 가까워지면 여지없이 막힙니다. 그 길은 걷는 것보다 느려요. 아이는 자다가 깨서 웁니다. 차 밖으로 나가야 하지요. 그러면 아이는 울음을 그칩니다. 다시 더워지면 차에 타고, 다시 울고, 내려서 옥수수를 사 먹고…. 뙤약볕에 내려서 아이를 업고 가던 길이 생각납니다. 그땐 힘들었는데 이제는 다시 한번 가보고 싶네요. 이번에는 다 큰 아이 보고 나를 업고 가라고 하고 싶어요.

더 오래전, 아주 오래전인 듯해요. 어디인지 기억은 잘 나지 않습니다. 할아버지를 따라 서울에 갔다가 시골로 되돌아오던 길이었습니다. 온통 하얀 세상. 눈이 너무 많이 와서 버스가 운행을 못 하니 버스에서 내려야 했고, 할아버지는 저를 업고 밤새 걸어야 했습니다.

어머니는 짐을 들고 할아버지 뒤를 따랐습니다. 할아버지는 두루마기를 벗어 저에게 씌운 뒤 걷고 또 걸었습니다. 할아버지의 등은 따뜻했습니다. 어머니는 그 길 이름이 '틀무시'였다고 하십니다. 그 길은 달콤했습니다. 다시 가고 싶은데, 이젠 할아버지와 같이 갈 수 없는 길입니다. 세 시간을 넘게 걸어 집에 돌아왔다던데, 할아버지는 얼마나 힘드셨을까요. 그런 길이 우리에게 하나씩은 있지요. 어머니는 제가 얼마나 걱정스러웠을까요. 감사한 길, 그립습니다.

이제 우리는 저녁이 있는 삶, 여유를 즐기는 생활, 사색하고 소통하는 공동체, 존중하고 배려하는 포용 사회를 꿈꿉니다. 먹고살 만하니 나오는 얘기인가요. 그럴 수도 있습니다. 그러나 살고 싶은 집을 꿈꾸는 건 인간의 기본권입니다. 걷고 싶은 거리를 만드는 건 우리 모두에게 여유를 찾아주는 일입니다. 살고 싶은 삶, 살고 싶은 집, 걷고 싶은 거리는 '싶어야' 만들어집니다. 좋아하는 것을 아는 게 중요합니다. 우리는 해야 하는 것에 익숙해져서 하고 싶은 것을 생각하는 게 어색합니다. 실천하는 건 더더욱 어려워요. 국가 발전을 위하여, 공동체 이익을 위하여, 공자와 맹자의 삼강오륜三綱五倫과 같은 유교 도리의 틀에 갇혀 살아왔죠.

'나'보다는 '우리'가 우선한 삶을 살아온 거죠. 그렇기에 삶을 지속하는 힘도 약해졌고 행복한 기분도 적었어요. 해야 하는 규율은 지켜지지 않았고 통치의 목표만 있었죠. 하나의 목표를 이루면 또

4장 공간 심리학

다른 목표로 돌진합니다. 걷고 또 걷는, 걷지 않으면 불안한 '좀머 씨 이야기'가 우리의 삶이었습니다. 이제 내가 더 중요합니다. 내가 하고 싶은 게 더 중요합니다. 내가 중심이 되는 우리는 튼튼합니다. 내가 살고 싶은 집, 걷고 싶은 거리를 만듭니다. 그런 우리 동네를 만듭니다. 그렇게 켜켜이 오래도록 쌓이면 살고 싶은 집, 걷고 싶은 거리는 우리 동네의 자부심이 됩니다. 시대정신은 그렇게 '해야 하는 것'에서 '하고 싶은 것'으로 이동합니다.

5장

공간 경영학:

내일도 좋은 오늘의 결정

세계가
사랑하는 도시

선거철마다 시장 후보자들은 '세계가 사랑하는 도시', '시민이 행복한 도시'를 만들겠다고 합니다. 어떤 도시를 말하는 걸까요? 파리처럼 관광객이 많은 도시나 부탄처럼 행복지수가 높은 나라를 말하는 걸까요? 세상에는 그런 나라도 도시도 많습니다. 여행하고 싶고 살고 싶고 일하기 좋은 도시들입니다.

전 세계 배낭여행자들이 한번 흘러들면 매력에 푹 빠져 벗어나지 못한다는 히말라야가 있는 포카라를 세계는 사랑합니다. 자연을 벗 삼아 제주 올레길을 걷고, 뉴질랜드 밀퍼드Milford 트래킹을 합니다. 만년설을 감상하며 스위스 산골마을 벤겐에서 휴식도 하죠. 노르웨이 피오르에서 자연에 경탄하고, 캥거루와 오페라하우스를 보기 위해 시드니를 방문합니다.

그런가 하면 예술에 끌려 파리를 거닐고 요리를 즐기며, 비엔나에서 클림트의 그림을 감상하고 베토벤의 음악을 듣습니다. 거장이 세계가 사랑하는 도시를 만듭니다. 영주 부석사에서 건축의 본고장임을 느끼고, 로마나 시엠레아프에서 역사의 흔적을 더듬어보기도 합니다. 조상님이 물려주신 오래된 도시가 후대의 오늘을 먹여 살리죠. 런던이나 뉴욕에 일하러 갔다 오페라를 즐기기도 하고, 홍콩에 쇼핑하러 가기도 합니다. 종교의 성지 예루살렘을 방문하고, 깨달음을 얻으려 산티아고 순롓길을 걷습니다. 각양각색의 사랑과 행복이 펼쳐집니다.

여러분이 시장이 된다면 도시를 어떻게 경영하고 싶으신가요? 유구한 역사를 가진 도시, 서울과 파리는 다른 선택을 했습니다. 서울은 첨단 도시가 되었고, 파리는 지붕 없는 박물관이 되었습니다. 의사 결정 과정도 달랐고, 모습도 달라졌습니다. 반성과 찬사도 함께합니다. 여러분이 시민이라면 도시에 관광객이 많이 오는 것에 찬성하세요? 뉴질랜드는 자연 보존과 시민의 행복을 위하여 여행객을 제한합니다. 세계가 사랑하는 도시가 반드시 시민이 행복한 도시는 아닌 듯합니다.

그리운 어제, 격랑의 오늘, 미지의 내일을 위해 우리는 도시를 어떻게 경영해야 할까요? 각자 처한 상황에서 각양각색의 도시 경영 전략을 짜고 실천합니다. 인생이 선택의 연속이듯, 도시도 끊임없는 결정으로 운명을 만듭니다. 애매모호한 상황에서 갑론을박하고 선택하는 것이 비일비재합니다. 서로 다른 역사와 문화 속에서 도시는 지속 가능한 발전을 도모하죠. 그러나 항상 희망대로 되는 것은 아닙니다. 하루아침에 이루어지는 것도 아니고요.

좋은 도시 경영은 오늘의 결정이 내일에도 좋은 결정이어야 하죠. 그러나 어렵습니다. 언제나 애매모호합니다. 때와 장소에 따라 이유도 다양하고, 모든 이유가 타당하기까지 합니다. 세계가 사랑하는 도시, 시민이 행복한 도시는 어떻게 만들어졌을까요?

우여곡절 끝에 오늘에 이른 파리의 용기 있는 결정, 믿기지 않는 우정과 사랑 그리고 한 거장의 고집으로 일궈낸 바르셀로나, 한국과 일본 그리고 호주 시민의 열망을 통하여 그 답을 찾아봅니다. 세계가 사랑하고 시민이 행복한 도시 경영의 요체를 생각해봅니다.

느릿느릿 진화하는
파리 시민의 선택

세계는 아이보리 색 벽에 걸터앉은 청회색 아연 지붕이 즐비한 파리를 사랑합니다. 유럽의 변방, 쥐가 득실대고 콜레라가 창궐하던 중세의 도시 파리는 오스만 시장의 '파리 대개조 계획'으로부터 시작되어 오늘에 이릅니다. 1853년 나폴레옹 3세가 즉위하면서 파리 시장에 임명된 오스만은 1870년까지 파리의 근대화를 진두지휘하며, 오늘날 세계가 사랑하는 파리의 초석을 놓습니다. 오스만의 도시 경영은 탁월했습니다.

길 뚫기 사업을 하면서 파리의 보도와 차도를 분리하고 가로수를 많이 심어 걷기 좋습니다. 걷다 힘들 때쯤이면 나타나는 많은 광장과 공원, 지금도 세계가 견학을 오는 지하 상하수도가 있습니다. 벽과 벽을 잇는 합벽 건축을 유도하고, 블록에는 중정을 두었죠. 휴먼 스케일의 6~7층 건물에 철재 난간을 두르고 45도로 지붕 각을 세웠습니다. 노트르담 성당같이 역사적인 건물의 보수도 병행합니다. 어

파리의 광장과 청회색 아연 지붕

제의 중세 모습을 계승하고, 오늘의 자동차에 대응합니다. 산업혁명
으로 파리에 몰려든 사람들에게 많은 주거지를 제공하려고 노력했
습니다. 파리 공간 구조와 파리지엔 문화를 만들었습니다.

　파리가 이렇게 세계가 사랑하는 도시가 된 것은 나폴레옹 3세가
근대화된 런던을 동경한 것에서 시작합니다. 오스만은 구불구불한
길과 높은 벽이 마녀의 출입을 막아준다던 중세의 믿음과 싸워야 했
고, 오랜 공사로 지친 시민의 불평불만과 막대한 양의 사업 자금 조
달 문제를 해결해야 했습니다. 이는 권위주의 시대를 살던 황제의
지원과 콜레라와 산업혁명으로 인한 인구 집중과 주거난, 그리고 위
생 문제의 심각성 때문에 가능했습니다. 최악의 상황이 최선의 길을

인도합니다. 파리는 이런 기회를 잘 포착했습니다.

1866년 "뉴욕을 파리처럼 건설하자"가 뉴욕 시장 후보의 선거 공약이 될 정도로 파리는 세계가 주목하는 도시의 모범 사례가 되었습니다. 그러나 파리는 다시 복병을 만납니다. 센강 북쪽 파리 중심부를 밀어버리고, 격자형의 넓은 도로와 60층짜리 건물을 올리자는 르 코르뷔지에의 '부아쟁 계획'이 그것입니다. 정치가와 기업가는 열광했고, 시민과 지식인 들은 세계적 거장, 르 코르뷔지에를 "그리스도의 적"이라 칭하며 극렬한 반대를 이어갔습니다. 결국 파리는 부아쟁 계획을 거부했고, 우리는 오늘의 파리를 볼 수 있게 되었습니다. 우리라면 오스만의 파리 대개조 계획과 르 코르뷔지에의 부아쟁 계획 중에 어느 것을 선택할까요?

파리지엔은 전통만을 고집하지 않았습니다. 1889년 파리는 이전의 도시 분위기와는 다른 '에펠탑Eiffel Tower'을 건설합니다. 탑을 디자인한 귀스타브 에펠의 이름을 따서 지어졌어요. 프랑스혁명 100주년 기념으로 유치한 세계만국박람회의 관문입니다. 당시에는 '철강Steel'이라는 새로운 재료의 등장을 두고 찬반 논란이 있었습니다. 파리의 미관을 망치는 시커먼 철제 탑이라는 이유로 지식인들이 비난을 퍼부었습니다. 모파상은 에펠탑을 보지 않으려고 에펠탑 아래에서 점심을 해결했다죠. 반면에 에디슨은 존경을 표했답니다. 이제는 에펠탑을 보려고 세계에서 몰려듭니다.

파리는 또 다른 변신을 합니다. 1988년 루브르 박물관 앞에 '루

에펠탑

브르 피라미드Pyramide du Louvre'가 세워집니다. 에펠탑에 이어 또 다른 반대에 직면하죠. 이번에는 유리입니다. "석재로 지어진 유서 깊은 루브르궁 안에 철과 유리라니…. 그것도 궁의 안뜰 나폴레옹 광장에 죽음의 공간인 피라미드라니…. 파리의 르네상스 전통에 대한 모독이다." 이런 반응이었죠. 중국계인 I. M. 페이가 설계한 철제 구조에 유리를 씌운 피라미드는 설계 단계에서부터 격렬한 반대에 부딪칩니다. 그러나 현대와 과거의 조화 속에 하늘의 빛을 박물관에 모으며, 루브르 박물관은 기능적·상징적으로 거듭납니다. 파리의 또 다른 랜드마크가 됩니다.

▲ 루브르 박물관 앞 루브르 피라미드
▼ 파리 개선문과 저 멀리 라데팡스의 신개선문

1958년 파리는 새로운 변신을 계획합니다. 21세기 혁신 도시 라 데팡스La Defense의 건설 계획이 시작됩니다. 루브르 박물관에서 콩코르드 광장, 샹젤리제 거리를 지나 개선문Arc de Triomphe 저 멀리에 미래 도시가 보입니다. 프랑스혁명 200주년인 1989년, 미래로 들어가는 '신개선문'이 건설됩니다. 파리 도심에서 지하철과 지하 도로로 이어집니다. 지상의 공원과 녹지에서는 아이가 뛰놀고, 조각 예술과 보도가 어우러집니다. 지상에서는 차보다 사람이 우선입니다. 파리에 집중되는 인구의 분산과 국제 업무를 수용하기 위한 21세기 미래 신도시입니다. 르 코르뷔지에의 부아쟁 계획이 살아난 듯합니다.

우여곡절 끝에 한 파리의 선택을 보면 오래전 TV 프로그램이 언뜻 떠오릅니다. 시골에 사는 할머니와 할아버지 얘기인데, 기억이 가물가물하지만 골자는 이랬습니다. 할머니가 할아버지를 엄청 구박합니다. 할아버지는 젊은 시절 할머니를 무던히도 힘들게 했답니다. 리포터가 할머니에게 물었죠. "다시 태어나면 할아버지와 사시겠어요?" 할머니의 대답이 의외였습니다. "다음 생에서 다른 할배를 만나면 어찌 또 길들여서 살아? 힘들어도 그냥 살아야지." 오랫동안 계속된 삶, 계속해서 지속될 삶. 그래서 만들어진 파리는 과거와 현재 그리고 미래가 대화하는, 세계가 사랑하는 도시, 시민이 행복한 도시가 되었습니다.

바르셀로나,
사랑과 우정 그리고 집념

아, 사그라다 파밀리아La Sagrada Familia! 세계는 가우디의 도시 바르셀로나에 열광합니다. 그곳에는 '구엘 공원Parc Guell', '카사 바트요 Casa Batllo', '카사 밀라Casa Mila', '사그라다 파밀리아' 등 안토니 가우디Antoni Gaudi(1852~1926)가 설계한 예술 작품이 수두룩합니다. 가우디가 바르셀로나를 먹여 살리고 있죠. 그중에 압권은 사그라다 파밀리아입니다. 성가족 성당, 사그라다 파밀리아에 다가서면 탄성이 절로 납니다. 옥수수 모양 탑이 그리는 비례와 건물의 군무는 어디에서도 본 적이 없습니다. 진흙으로 빚은 듯한 벌집 모양의 위용이 대단합니다.

더욱 놀라운 것은 사그라다 파밀리아가 미완성 작품이라는 점입니다. 그럼에도 불구하고 오라가 보통이 아닙니다. 동쪽 탄생의 파사드(건물의 출입구로 이용되는 정면 외벽 부분) 조각과 서쪽의 모던한 수난의 파사드 그리고 남쪽 영광의 파사드는 신비로워요. 한글

사그라다 파밀리아 동쪽 탄생의 파사드

사그라다 파밀리아 서쪽 수난의 파사드

주기도문도 있어요. 동쪽 탄생의 파사드에는 소망, 사랑, 믿음으로 들어가는 세 개의 문이 있고, 서쪽 수난의 파사드는 배신의 입맞춤으로 예수를 팔아넘긴 유다의 조각이 수난을 얘기합니다. 안에 들어서면 습지대의 나무처럼 우뚝 솟은 기둥에 고급스러운 조각, 예쁜 꽃과 스테인드글라스가 연출하는 빛의 향연이 아연실색할 만큼 놀랍습니다. 숲속 나무 사이로 빛이 쏟아지는 곳에서 시민이 미사를 올리고, 관광객도 함께합니다. 에덴동산 같습니다.

미완성작이 내뿜는 가우디의 포스는 남다르죠. 세계가 사랑하는 가우디의 작품이 주는 오라는 우연이 아니었습니다. 사람과 자연 그리고 신으로부터 비롯되었고, 병약함과 재능 그리고 고집으로 완성되었습니다.

어머니는 가우디를 살렸습니다. 태어나서부터 죽을 때까지 가우디는 병약했죠. 어머니는 언제 죽을지 모르는 가우디에게 믿음을 주었습니다. "아픔에도 불구하고, 태어나고 살아 있음은 신이 내린 무언가 특별한 할 일이 있기 때문이다." 이는 아플 때마다 가우디를 지탱해준 말이었고, '신이 내린 특별한 일'은 '성가족 성당 건축'이라 여기며 평생의 업으로 삼았습니다. 가우디는 어머니를 가장 사랑했습니다. 사랑은 어려울 때 버틸 수 있는 힘을 줍니다.

대장장이 아버지는 가우디에게 무언가를 만들 수 있는 재능을 주었습니다. 가우디는 설계하기보다는 모형을 만들며 사그라다 파밀리아를 건축했습니다. 가우디 아치 또한 추를 매단 실을 늘어뜨리는

◀ 카사 바트요
▶ 카사 밀라

실험을 하면서 만든 것이죠. 수학적으로 그린 아치가 아니라 손으로 만든 경험의 결과물입니다. 철제로 만든 카사 바트요의 해골 모양 발코니 난간, 카사 밀라와 구엘 별장의 철문 그리고 최근 백악관에서 자주 볼 수 있는 가우디 아치의 회의 테이블에 이르기까지…. 가우디는 대장장이의 아들이었다는 걸 증명합니다. 아버지의 아버지 그리고 그 아버지도 대장장이었다죠.

가우디는 어린 시절부터 자연을 관찰했고 자연과 함께했습니다. 꽃과 나무 기둥의 사그라다 파밀리아, 출렁이는 지중해의 마법 카사 바트요, 흰색 몬트세라트 돌산을 닮은 카사 밀라, 돌기둥으로 만든 아치와 아치가 떠받친 광장, 도마뱀 분수 그리고 과자집이 있는 구엘 공원은 자연을 그렸습니다. 이러한 자연은 신이 내린 곡선과 조화를 이루며 세계가 사랑한 가우디의 건축을 만들었습니다.

가우디의 고집은 청년 시절을 버티게 한 힘이었습니다. 처음에는 건축학교 졸업자 명단에 가우디의 이름이 없었죠. 고집 센 가우디를 교수들은 싫어했습니다. 졸업 탈락 구제용 작품을 제출하며 겨우 졸업했어요. "건축사 자격증을 천재에게 주는 것인지 미친놈에게 주는 것인지 모르겠다." 가우디에게 건축사 자격증을 주면서 학장이 한 말입니다. 역사는 가우디가 천재임을 증명했지만, 가우디의 인생 여정에서는 고집만이 천재성을 지킬 수 있는 힘이었을지도 모릅니다. 이런 고집은 카사 밀라를 지으며 다시 발휘되었고, 건축주와 법정 소송까지 했습니다. 그렇게 카사 밀라가 완성된 거죠.

가우디의 재능은 구엘Eusebi Güell을 만나면서 꽃을 피웠습니다. 구엘의 나이는 가우디보다 많았지만 항상 가우디를 존경했고, 평생 가우디의 건축을 지원했습니다. "무엇이든 맘대로 건축하세요. 건축가 가우디를 존경합니다." 구엘은 프랑스의 세계박람회에서 가우디가 제작한 유리 전시장과 스승인 푼티의 작업실 철제 책상을 보고, 가우디의 천재성을 한눈에 알아봤습니다. 그 후 구엘 궁전, 구엘 공원, 콜로니아 구엘 성당의 납골당, 가라프의 구엘 포도주 저장고 등 평생을 가우디와 함께했습니다. 가우디는 구엘의 꿈을 이루어주었고, 구엘은 가우디의 재능을 꽃피우게 해주었습니다. 이 때문에 가우디는 청년 피카소에게 "부르주아의 건축만을 한다"는 비판을 받기도 했죠. 그러나 구엘의 우정이 세계가 사랑하는 바르셀로나를 후

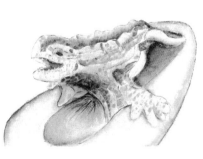

▲ 구엘 공원
◀ 구엘 공원의 도마뱀 분수대
▶ 구엘 공원 가교의 돌기둥

원한 것임에는 틀림없습니다. 영원한 친구, 각별한 우정은 바로셀로나가 세계인의 사랑을 받게 되는 밑거름이었습니다.

가우디의 작품은 동화를 연상케 합니다. 구엘 공원에는 『헨젤과 그레텔』 속 과자집을 모티브로 한 관리인의 집이 있습니다. 사그라다 파밀리아는 환상적이고 신비로운 파사드를 하고 있죠. 색감과 재료는 오묘하며, 스테인드글라스 너머로 들어오는 빛은 영롱합니다. 나무와 꽃 그리고 돌과 형형색색의 깨진 타일 조각(트렌카디스 Trencadis)은 품위 있고 따뜻합니다. 모양은 로마를 닮아 점잖고, 로마네스크나 고딕 양식과 비슷한 듯 다르고, 기독교 건축인 듯하지만 이슬람 건축입니다. 독특하고 우아합니다. 가우디는 현장에 나가 영감을 얻고 수정하는 유기적 건축을 했습니다. 그래서 공사비가 당초보다 많이 올랐고, 이는 항상 건축주와 분쟁하는 계기가 되었습니다. 가우디의 바르셀로나는 세심한 터치가 느껴집니다. 무심하지 않습니다. 틀림이 아닌 다름에 대한 인정과 존중이 가득합니다.

사그라다 파밀리아를 향한 궁극적인 탄성은 하느님이 완공을 서두르지 않아 100년 넘게 지어왔다는, 그래서 언제 지어질지 모른다는 사실에서 배가됩니다. 그럼에도 불구하고 가우디의 말처럼 "한 세대가 못 하면, 다음 세대가 그리고 또 다음 세대가 이어가면 된다"고 생각하는 바르셀로나 시민의 저력이 놀랍습니다. 공사를 중단시킬 고비와 명분도 많았죠. 1881년 사그라다 파밀리아 건축 시작과 초대 건축가의 사임 그리고 1883년 2대 건축가 가우디의 취임,

◀ 구엘 공원 관리인의 집
▶ 『헨젤과 크레텔』 속 과자집

1926년 가우디의 죽음, 스페인 내전과 대공황 그리고 제2차 세계대
전을 거치면서도 이 사업은 지속되었습니다.

　사그라다 파밀리아의 건축이 지속된 원동력은 시민의 힘이었
습니다. 시민의 기부금으로 시작되었고, 이제는 바르셀로나를 사
랑하는 관광객이 입장료를 보탭니다. 나이 든 노동자도 병든 노동
자도 공사에 참여하였고, 그렇게 사그라다 파밀리아는 모두의 사
업이 되었습니다. 게으르고 신심이 약해서가 아니라, 가능한 한 계
속 지어야 한다는 시민의 동의가 사그라다 파밀리아의 저변에 흐르
고 있습니다. 하느님만이 안다는 사그라다 파밀리아의 완공 년도가

2026년경이 될 거라고 합니다. 가우디가 죽은 지 100년이 되는 해입니다. 시민이 시작했고, 가우디가 재능을 발휘했으며, 세계가 참여하는 건축물이 있는 바르셀로나는 분명 세계가 사랑하는 도시입니다.

바르셀로나에는 세계 축구인이 사랑하는 FC 바르셀로나가 있습니다. 축구 영웅 수아레스와 메시가 활약했지요. 이 팀은 특이하게도 재벌이 아닌 협동조합이 운영합니다. 1899년에 창단되었으며, 그 역사가 100년이 훌쩍 넘은 축구 클럽입니다. 바르셀로나는 낮이 덥고 밤이 시원해요. 오죽 더우면 '시에스타'라는 낮잠 자는 시간이 있겠습니까. 볶음밥 같은 '파에야'는 맛있습니다. 더 익히고 덜 짜면 좋겠지만, 작렬하는 태양 아래서 땀으로 빠져나간 염분을 섭취하기 위함인 듯합니다. 저녁 무렵이면 하나둘씩 밖으로 나와 대지가 선사한 와인과 하몽을 곁들이며 나이트 라이프를 즐깁니다. 저녁이 있는 삶이 밤늦게까지 이어집니다. 플라멩코의 강렬한 춤사위 사이로 박수가 쏟아지고, 축제마다 인간 탑 쌓기Human Tower(카스텔Castell)를 즐깁니다. 세계가 사랑하는 도시에는 시민이 즐기는 문화도 있습니다.

시민이 행복한
도시

올림픽 유치에 호주 시민이 반기를 들었습니다. 올림픽을 유치하기 위해 경기장을 건설하겠다는 정부의 계획을 시민이 저지하고 나선 겁니다. 올림픽 유치는 국격을 높이고 도시를 발전시키는 원동력입니다. 그래서 모든 국가와 도시는 올림픽 유치에 열을 올립니다. 이런 상황에서 호주 시민의 선택은 의아합니다. 호주 퀸즐랜드주 브리즈번 주변 모어튼만Moreton Bay의 분달 습지를 둘러싼 시민의 선택은 자연 보존과 복원이었습니다.

퀸즐랜드주는 1996년 올림픽 대신에 환경올림픽인 '람사르총회'를 유치했어요. 이 정신은 2000년 시드니 올림픽으로 이어져 성공적인 환경올림픽을 치르죠. 환경을 사랑한 시민의 행복한 투쟁이었습니다. 시민이 행복한 환경을 만들었습니다.

일본에는 '마치즈쿠리まちづくり'라고 하는 마을 만들기(또는 마을 가꾸기) 운동이 있습니다. 마을을 사랑하는 마음으로 공간을 바꾸

는 것이지요. 일본을 잘 아는 선생님 말씀이 온몸에 문신을 한 야쿠자도 동네 청소 날에는 빠지는 일이 없을 정도랍니다. 마을 공동체의 저력이죠. 한 동네에서 20년 넘게 사는 일본 사람들에게는 자연스러운 마을 사랑이라 할 수 있습니다. 우리는 산업화를 겪으며 '동네'라는 관심사에서 멀어졌고, 이웃의 정情도 하나둘 사라졌습니다. 2013년 방영된 〈응답하라 1994〉만이 동네라는 추억의 향수를 자극합니다.

우리의 공간도 바뀌었어요. '담장 허물기'를 아시나요? 1998년 대구 삼덕동에서 써 내려간 마을 사랑 이야기입니다. 김경민 YMCA 국장은 닫힌 문을 열고 함께할 수 있는 공간을 생각합니다. 담장을 허물고 꽃을 가꾸고 벤치를 놓고 정다운 얘기를 합니다. 철 대문과 유리 조각이 박힌 높은 담장을 허물고 동네 공원을 만들기 시작합니다. 어른들은 자연히 아이들이 뛰노는 모습을 볼 수 있었죠. 거리에 어른들의 눈이 있기에 아이들은 안전해졌습니다.

아이들이 참여하는 그림 그리기 대회를 열었고, 골목에는 벽화가 그려졌습니다. 골목 영화제도 개최했다고 하지요. 골목은 쓰레기를 대신해 화분과 텃밭으로 채워졌고, 유기농 가게 운영에도 시민이 참여했습니다. 아이와 주민, 전문가 그리고 시市 정부가 협동하면서 담장 허물기 사업은 커지기 시작합니다. 삼덕초등학교장 관사는 마을 미술관으로 바뀌었고, 마을 문화센터로 사용됐습니다. 그 후 담장 허물기 사업은 전국으로 퍼져 나가고 있습니다. 낮은 담장 하나가

허물어지면서, 닫힌 공간도 우리의 마음도 열리기 시작했습니다. 마을 공동체가 회복되고, 주민들은 행복해지기 시작했습니다. 주민이 자신들의 삶터를 가꿉니다.

아이가 성미산을 좋아합니다. 성미산은 서울시 마포구 성산동, 서교동, 연남동 근처에 있어요. 이 일대에 사교육 없는 마을을 구상하기 시작합니다. 1993년 교육을 고민하는 가정이 모이면서 성미산 교육 공동체가 만들어집니다. 부모의 주도로 공동 육아를 시작하고, 어린이집을 만들고, 아이가 커가면서 대안학교로 발전합니다. 그곳에는 건강한 음식이 있습니다. 아이들에게 줄 유기농 먹거리를 생각하면서 생활협동조합을 만들고, 아이스크림 가게에서 반찬 가게 그리고 살림 가게에 이르기까지 먹거리 공동체를 추가합니다.

성미산 주민 모두는 음악과 춤 그리고 연극 축제에 이르기까지 함께할 수 있는 놀이를 주도합니다. 해맑은 웃음이 가득한 문화 공동체로 거듭납니다. 주민들은 적은 돈을 출자해 자신들에게 필요한 협동조합을 만들고 마을 기업으로 성장합니다. 주민이 행복한 공동체에는 사람들이 몰려듭니다. 당초 공동체의 생각과 다릅니다. 사교육에 지친 부모들도 이곳에서 살고 싶어 합니다. 그러다 보니 집값이 오르고 상가 건물 값도 오릅니다. 공동체는 계속될 수 있을까요? 시민과 함께 시민의, 시민에 의한, 시민을 위한 방향으로 이 문제도 해결되기를 기대합니다.

시민이 행복한 또 다른 형태의 공동체 실험도 진행 중입니다. 집값 폭등에 지친 시민들이 아파트를 직접 건설하고 운영합니다. 시민이 주도하고, 사회적 기업과 전문가가 도우며, 정부가 참여합니다. 정부가 세제 혜택을 주거나 땅을 싸게 주면, 가격 거품을 뺀 임대아파트를 건설하여 입주자 협동조합이 운영합니다. 사회적 기업이 줄인 시공 마진을 주민에게 낮은 임대료로 되돌려줍니다. 협동조합은 어린이집, 어린이 놀이터, 주민 카페 등 커뮤니티 시설을 함께 계획하고, 공동 육아, 공유 차량을 운영합니다.

삼덕동과 성미산에서 시작된 시민이 행복한 공동체 실험은 수원 '못골시장 공동체', 우이동 '삼각산재미난학교', 상도동 '성대골 에너지자립마을' 등으로 다양화되고 있습니다. 만들어진 것, 즉 기성품을 소비하지 않습니다. 만들어 소비합니다. 문제를 해결해달라고 하지 않습니다. 스스로 문제를 해결합니다. 행복한 것이 목표입니다. 행복을 직접 찾아 나서는 용기로 시작합니다. 그 과정에서 행복을 느끼며 나아갑니다. 그러다 보니 공동체가 만들어집니다. 시민이 행복한 도시가 되어갑니다. 하늘은 스스로 돕는 자를 돕고, 시민이 리더를 이끕니다. 세계가 사랑하는 도시, 시민이 행복한 도시에서 주연 배우는 시민이고, 조연 배우는 사회적 기업과 전문가이며 신인 배우는 정부입니다. 관광객이 카메오로 출연합니다. 행복합니다.

6장

공간 인문학:

잘 사는 사람의 공간

집에 대한
로망

우리는 평생 집에서 삽니다. 집에 대한 로망을 누구나 하나쯤은 가지고 있지요. 내 집을 갖고 싶어 하고, 별장도 하나쯤은 소망합니다. 여기 따뜻하지만 작은 집과 부유한 큰 집 그리고 오솔길로 연결된 최소한의 오두막집을 소개합니다. 어떤 집에서 살고 싶나요? 사람들은 대부분 부유하고 멋진, 큰 집을 희망하죠. 그런데 큰 집은 큰 짐이 되기도 합니다. 청소하기도 어렵고 유지하는 데 돈도 많이 들어요. 작은 집은 불편합니다. 그런데 정이 많습니다. 옹기종기 스킨십이 있고 배려도 가득합니다. 숲속 오솔길의 막다른 오두막집은 자연을 느낄 수 있습니다. 가끔 쉬러 오는 별장에서의 하루처럼 가볍게 살 수 있습니다. 관리도 쉽습니다.

이 장에서는 두 명의 건축가와 세 개의 작품을 소개하려 합니다. 두 명의 건축가는 르 코르뷔지에와 프랭크 로이드 라이트Frank Lloyd Wright(1867~1959)입니다. 미스 반 데어 로에와 함께 현대 건축의

3대 거장이며 선구자로 훌륭한 평을 받고 있죠. 세 개의 작품은 여염집, 별장, 그리고 오두막집입니다. 부유한 집과 따뜻한 집이기도 하지만, 이 두 건축가의 인간적인 얘기도 함께 들어 있는 집입니다.

르 코르뷔지에는 스위스 쥐라산맥에 위치한 산골 마을 라쇼드퐁La Chaux-de-Fonds에서 태어났습니다. 건축가이고 도시 계획가이며, 그림을 잘 그리는 화가이자 가구 디자이너이기도 합니다. 참 다재다능합니다. 2016년, 7개국 17개 작품이 세계문화유산으로 등재될 정도로 시대정신을 건축·도시 계획으로 실현하기 위해 노력했습니다. 대량생산에 의한 효율적인 공간 제공에 관심이 많았습니다. 인류에게 싸고 질 좋은 거주 공간을 선사했습니다.

프랭크 로이드 라이트는 이름이 멋지죠. 생김새도 아주 멋집니다. 영화배우라 해도 손색이 없습니다. 비싼 옷과 차를 좋아하고, 집을 부유하게 꾸미는 것을 좋아했습니다. 홈 앤드 스튜디오Home and

Studio인 '탈리에신 이스트Taliesin East·웨스트West' 등 제자를 양성했던 공간도 멋집니다. 미국건축가협회 선정 20세기 10대 건축물 중 네 개가 포함될 정도인데, '자연과 조화된 기하학적이고 유기적인 건축'으로 유명합니다. 초원 주택인 품위 있는 중산층의 '프레리 하우스Prairie House'에도 관심이 높았습니다.

집에 관한 우스갯소리가 있습니다. "거장의 작품은 유명하나 살기에는 불편하다." 그래서 거장들은 하우스에서 살지 않고 아파트에서 산다고 합니다. 르 코르뷔지에와 프랭크 로이드 라이트는 인류의 꿈을 잘 이해했고, 집념으로 완성하며 공간의 새로운 장을 열었습니다. 잘 사는 사람의 집, 그 속엔 여인이 있었습니다. 유유자적의 따뜻하고 부유한 집으로 들어가 볼까요.

따뜻한 집

르 코르뷔지에가 1923년, 어머니를 그리며 지은 '작은 집Une Petite Maison'이 있습니다. '어머니의 집'이라 불리기도 하는 집 이야기부터 시작할게요. 일반적으로 건축가는 땅에 맞춰 집을 설계하는데, 이 집은 어머니를 생각하며 설계하고, 여기에 맞는 땅을 찾았다고 합니다. 스위스의 레만Leman호가 보이는 길가에 있습니다. 어머니가 101세까지 36년 동안 사셨던 18평(60제곱미터)의 자그마한 집입니다. 물가에 살면 호흡기 등의 건강에 안 좋다고 하던데, 아들이 좋은 집을 지어주어 이런 통설을 깨고 오래 사셨나 봅니다. 이제부터는 천천히 상상하며 읽으셔야 합니다.

어머니의 집 겉모양은 별다를 것 없는 16×4미터짜리 박스입니다. 집의 내부를 보면 크게 현관(①)을 중심으로 왼쪽이 거실(②)이고, 오른쪽은 부엌(③)입니다. 추위에 떨다 손을 호호 불며 현관으로 들어서면 레만호(④)의 추위가 고마울 정도로 따뜻해 눈물이 글썽

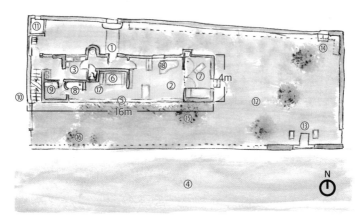

작은 집. 르 코르뷔지에가 어머니를 그리워하며 공간에 쓴 사모곡

입니다. 라디에이터가 공기를 데워놓고 어머니를 기다립니다. 작은
집은 처음부터 따뜻합니다. 아랫목에 막 지은 밥을 떠놓고 이불로
감싸며 아들을 기다리는 우리네 어머니를 연상시키네요.

현관 왼쪽으로 발걸음을 옮기면 거실이 나오는데, 따뜻한 건 물
론이고 마음이 뻥 뚫립니다. 레만호가 한눈에 들어오는데, 르 코르
뷔지에의 트레이드마크인 수평으로 긴 창(⑤)이 있어 가능하죠.
11.46×1.33미터의 긴 창입니다. 집의 3분의 2가 창인 셈인데, 거실
오른편 현관 너머에 위치한 침실(⑥)까지 나 있습니다. 그래서 집이
밝고 경치도 좋습니다. 거실에 붙어 있는 손님방(⑦)에 창을 두니 아
침 햇살이 들어옵니다. 손님방은 거실과 연결되어 있는데, 르 코르
뷔지에가 가끔 오면 거실에서 어머니하고 얘기하다 자려고 그렇게
배치한 것 같습니다.

거실에서 레만호를 쳐다보다가 오른쪽으로 걸어가면 어머니의 침실(⑥)이 나옵니다. 햇살이 가득합니다. 침대를 지나면 세면대와 욕조(⑧)가 마주 보고 있습니다. 여기를 지나가면 세탁기 등을 두는 다용도실(⑨)이 나오는데, 여기도 천창에서 햇살이 쏟아집니다. 오른쪽으로 돌면 부엌(③)이 있죠. 부엌문을 열고 나가면 잠시 후에 자세히 이야기할 고양이 조망대(⑩)가 나옵니다. 그리고 계단을 올라가면 2층(⑪)이 나오는데, 여기가 르 코르뷔지에 부부가 묵었던 방입니다. 어느 날 갑자기 르 코르뷔지에가 어머니 집에 왔는데 자기가 자려던 손님방에 진짜 손님이 있어서 증축한 거랍니다. 그러고 보면 방은 세 칸 정도는 있어야 하나 봐요.

다시 거실(②)로 돌아갑니다. 거실에서 손님방(⑦)을 지나 밖으로 나가면 정원(⑫)과 마주합니다. 정원 오른쪽에는 테이블이 있고 레만호를 내다볼 수 있는 조망 창(⑬)도 나 있습니다. 창으로 보이는 레만호가 그림 같아요. 정원 왼쪽에도 어머니가 좋아하는 개가 밖을 내다볼 수 있게 창(⑭)을 냈습니다. 어머니에 대한 마음이 어머니가 좋아하는 개에게까지 영향을 주었나 봅니다. 정문에서 보면 오른쪽, 개구멍의 반대편에 고양이를 위한 공간(⑩)도 있습니다. 고양이가 레만호를 쳐다볼 수 있도록 조망대를 'ㄱ'자로 길게 만들어놓았습니다. 어머니가 외롭지 않게 동네 고양이가 자주 와주었으면 하는 아들의 마음이었을까요? 마음이 따뜻해지는 공간입니다.

레만호를 왼쪽에 두고 정원을 걸으면 체리나무(⑮)가 보이는데,

어머니는 나무에서 열매를 따 잼을 만들었다고 합니다. 정원 테이블 오른편에 큰 나무가 있고, 거실을 구경하며 어머니의 방 쪽으로 걸어가다 보면 또 큰 나무(⑯)가 나오는데, 이건 레만호에서 반사되는 물 빛을 막으려는 식재 같습니다. 어머니가 침대에 누웠을 때 눈부시지 않게 하려는 '효도 나무'예요. 개와 놀기도 하고 고양이랑 얘기도 하며 체리 열매도 돌보다가 앉아서 쉬기도 하는, 심심하지 않은 정원입니다.

어머니의 집에는 어머니를 위한 소품이 여러 개 있습니다. 침실에 책상(⑰)이 눈에 띕니다. 나무로 제작된 것인데, 서랍장으로 된 역삼각형의 책상다리가 인상적입니다. 르 코르뷔지에가 18~19세 때 어머니를 위해 디자인했다는데, 재주도 참 많았습니다. 또 다른 소품은 피아노 위의 조명등(⑱)입니다. 회전도 되죠. 나이 드신 어머님이 피아노를 칠 때 악보를 잘 보실 수 있도록 하기 위해 만들었답니다. 어머니를 생각한 흔적이 아름답습니다. 그러나 슬프게도 어머니는 르 코르뷔지에보다 형을 더 좋아했다고 합니다. 어머니들은 재주 많고 성공한 자식보다 딱히 재주는 없으나 자주 찾아주는 자식이 좋답니다. 재주 없는 제게는 위안이 됩니다. 작은 집! 르 코르뷔지에가 공간에 쓴 사모곡, 공간의 '서(序)' 같아요.

부유한 집

부유한 집으로는 프랭크 로이드 라이트의 '낙수장Fallingwater'을 소개합니다. 이 집은 1939년 미국 서펜실베이니아에 지어진 에드거 카우프만의 별장입니다. 여름 별장으로 지어졌죠. 프랭크 로이드 라이트는 92년간 순탄치 않은 인생을 살았습니다. 조강지처를 버리고 클라이언트인 친구 아내와 프랑스로 사랑의 도피를 감행하면서 사회적 지탄을 받게 됩니다. 개인의 자유로서 '간통'을 옹호하고 사회적 통념에 맞서며 잊혀진 20년의 건축가 인생을 시작합니다. 그러나 정신이상 직원이 내연녀와 아이들을 살해하고 작업실인 탈리에신 이스트를 불태우면서 프랭크 로이드 라이트는 나락으로 떨어집니다. 두 번의 이혼도 겪게 되죠.

낙수장은 40세에 성공한 건축가, 20년간 잊혔던 구시대 건축가, 그리고 그렇게 잊힌 줄로만 알았던 60세 건축가의 마지막 불꽃 같은 작품입니다. 창조적인 아웃사이더를 사랑스러운 인사이더로

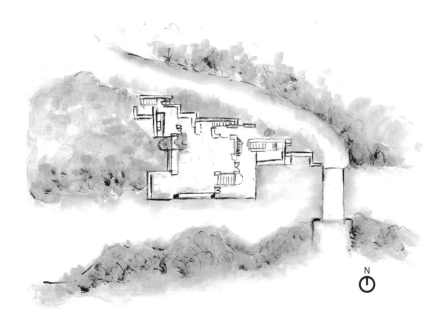

바꾼 작품이죠. 이를 계기로 프랭크 로이드 라이트는 다시 일어섭니다. 자기반성과 성찰을 바탕으로 20년간의 '유기적 건축Organic Architecture'을 꽃피웁니다. 낙수장은 실습생 에드거 카우프만 주니어에게서 비롯됩니다. 클라이언트는 백화점 주인이며 실습생의 아버지인 에드거 카우프만입니다. 낙수장은 인간과 자연이 아름답게 조화된 인문학적 역작으로, 라이트에 대한 존경은 카우프만 주니어 한 사람에서 시작되어 모든 사람, 모든 세대로 이어졌습니다. 낙수장은 아름다운 집, 시적이고 로맨틱한 건물이라고 평가됩니다.

유기적 건축은 대지나 꽃, 나무와 조화를 이루며 내부와 외부가 연계된 건축을 의미합니다. 안과 밖의 연결, 자연을 따르는 설계, 자연 그대로의 재료, '뉴프런티어New Frontier 정신'을 유기적 건축의 원

◀▶ 낙수장. 프랭크 로이드 라이트가 공간에 그린 그림 같은 별장

리로 삼았어요. 뉴프런티어 정신은 저렴하고 민주적인 미국인의 집이라는 '유소니언Usonian 건축'에 잘 나타나 있죠. 유기적 건축이 주장하는 디자인은 1908년 「아키텍처럴 레코드Architectural Record」에 발표된 '건축을 위하여In the Cause of Architecture'에서 제시되었습니다. 단순하며 평온한 디자인, 다양한 스타일, 자연환경과 조화된 모양, 자연 문양과 색채, 자연 그대로의 재료, 매력적이며 즐거움을 주는 영혼이 담긴 건축 등 여섯 가지입니다.

낙수장은 자연을 따랐습니다. "집은 자연을 따른다." 프랭크 로이드 라이트에게 영향을 준 루이스 설리번의 "형태는 기능을 따른다Form Follows Function"를 다시 쓴 셈이죠. 낙수장은 건물의 위치부터 파격적입니다. 클라이언트나 일반인의 예상과 달리 폭포 옆에 집을 짓지 않고 폭포 위에 집을 지었습니다. 폭우가 쏟아지면 어쩌지요? 주요 공간들은 폭포 밖으로 살짝 뺐어요. 거실에서 계단을 내려가면 계곡물을 만납니다. 애들이 좋아할 만한 디자인이죠. 거실 벽난로 앞에는 자연석이 그대로 있고, 집의 색채도 자연을 따랐습니다. 띠모양의 3면 유리창은 자연을 연속적으로 감상할 수 있게 하였습니다. 자연은 이런 고급 주택에서 뿐만 아니라 유소니언 하우스와 중산층의 저렴한 주택에도 살아 있습니다.

낙수장은 기하학적입니다 수평과 수직을 자유자재로 씁니다. 새나 나비의 날개 모양을 닮은 '캔틸레버Cantilever(구조물을 떠받치는 다리 모양) 공법'을 적용하죠. 한쪽 끝이 고정된, 손바닥을 편 수평 모양입니다. 흡사 폭포 물이 떨어지기 전의 흐르는 모양입니다. 수직 벽난로는 라이트가 사랑한 소품입니다. "Hearth"라 표기되는 벽난로는 마음이나 따뜻함을 의미하며 가정의 중심인 거실에 있습니다. 밖에서 보면 숲속 나무가 연상됩니다. 수직 벽난로는 거실과 조화를 이루고, 캔틸레버가 만드는 테라스로 이어져 자연을 영접합니다. 그의 작품은 낮은 담과 층고, 화단과 정원, 깊은 처마와 보도처럼 수평선을 강조합니다. 라이트는 건축이 돋보이기보다는 자연이 돋보여야 한다고 생각했습니다.

낙수장은 어머니를 기억합니다. 온갖 비난 속에서도 어머니는 라이트의 영원한 지지자였습니다. 어머니는 임신 기간 내내 유기농 음식을 고집했으며, 배 속의 아이가 위대한 건축가가 되기를 소망했습니다. 그녀는 좋은 건축 작품을 벽에 걸어놓고 태교하였고, 아기방을 건축 작품으로 꾸몄다고 합니다. 아들이 태어난 후 프뢰벨 교육을 지지하였는데, 라이트는 어릴 적부터 블록 같은 장난감을 가지고 놀았습니다. 이런 흔적은 라이트의 모든 작품에서 고스란히 나타납니다. 프랭크 로이드 라이트의 원래 이름은 프랭크 링컨 라이트였습니다. 어머니의 이름은 안나 로이드 존스였는데, 어머니에 대한 존경의 뜻으로 중간 이름 '링컨'을 '로이드'로 바꿨습니다. 아버지와 어머니가 이혼한 것도 하나의 이유였습니다. 낙수장! 프랭크 로이드 라이트가 공간에 그린 그림 같습니다. 공간의 '화畵'입니다.

유유자적하는 집

'카바농Cabanon'은 르 코르뷔지에가 유유자적한 오두막집입니다. 프랑스 니스와 모나코 사이에 있는 로크브린 카프마르탱Roquebrune Cap-Martin에 위치해 있습니다. 지중해성 기후라 따뜻하고 그늘에 들어서면 시원합니다. 모나코는 미국 여배우 그레이스 켈리가 모나코 왕과 결혼을 하며 유명해진 자그마한 나라지요. 니스나 모나코 모두 지중해를 바라보는 지중해의 휴양지입니다. 카바농도 지중해를 바라보고 있습니다. 코코 샤넬과 스웨덴 출신 유명 배우 가르보 크레타가 자주 가는 곳이며, 아일랜드의 시인으로 노벨상을 수상한 예이츠가 오두막 근처에 별장을 짓고 여생을 보낸 곳이기도 합니다.

기차역에서 내려 카바농으로 향하는 길은 지중해를 바라보며 걸을 수 있는 르 코르뷔지에의 작은 오솔길입니다. 카바농은 가로 3.66미터, 세로 3.66미터, 높이 2.26미터의 통나무집이에요. 입구(①)에 들어서면 통로 끝에 최소한의 화장실(②)이 있습니다. 오른쪽으로 돌아서면 원룸의 방이 보입니다. 이게 다예요. 방에는 침대(③)와 사이드 테이블(④)이 있고, 반대편에 붙박이 옷장(⑤), 책상(⑥)과 의자(⑦)가 있습니다. 의자에 앉아 있노라면 지중해를 바라볼 수 있는 창(⑧)이 시야에 걸립니다. 책상과 작은 책장(⑭)으로 둘러싸인 작업 공간도 있습니다. 여기도 창(⑫)이 있어요. 절묘한 위치에 창을 만들었습니다. 통풍창(⑪)과 긴 창(⑬)이 환기를 책임집니다. 두 창 사이의 가구(⑩)에도 통풍을 위한 공간이 있습니다. 책상 주변에는 손을 씻을 수 있는 작은 세면대(⑨)도 있어요. 있을 것은 다 있는 최소한의 공간입니다.

이 집은 어머니의 자궁 같은 최소한의 집, 공간의 효율성을 추구한 집입니다. 이를 위해서 르 코르뷔지에는 인체 비례 측정 체계인 '모뒬로르Modulor'를 적용합니다. 인체 크기를 측정하여 거기에 맞게 공간의 크기를 만드는 방법입니다. 선키에 맞게 천장 높이를 조절하

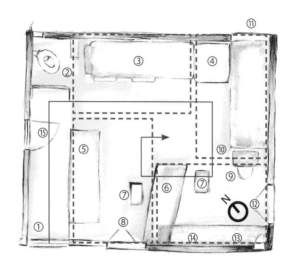

카바농, 르 코르뷔지에의 유유자적한 오두막집

고, 앉은키에 맞게 창문의 높이를 배치하는 거죠. 불편하지 않은 크기의 작은 공간을 만들기 위한 방법입니다. 화장실에서 앉거나 서서 하는 행동을 고려하여 불편함이 없을 정도의 크기로 공간을 만듭니다. 작은 공간에 맞추어 변기도 다르게 배치합니다. 책상에서 작업하다가 고개를 들면 지중해의 풍경을 볼 수 있는 '앉은키 위치'에 창을 만듭니다.

작은 공간의 답답함은 차경借景으로 해결합니다. 경치를 빌려 온다고 해서 '차경'이죠. 한옥에서 자주 보는 기법입니다. 안방에 앉아 밖의 경치를 안으로 끌어들이는 겁니다. 차경이라는 개념을 모뒬로르의 크기로 완성한 거예요. 작지만 멋진 공간이 연출되었습니다. 부족한 수납을 위해 침대나 가구에 다용도 공간을 만든 것도 눈에 띕니다. 안과 밖을 쉽게 드나들 수 있도록 한 미닫이문도 여럿입니다. 따뜻한 기후라 가능하겠지요. 겨울이 있는 우리에게는 적합하지 않은 것 같아요. 아날로그 스마트 홈입니다.

카바농은 추억의 공간이기도 합니다. 르 코르뷔지에는 아내와의 추억이 많습니다. 카바농은 아내의 고향 근처입니다. 아내의 추억이 깃든 출신지, 고향은 동서고금을 막론하고 중요한 것 같아요. 르 코르뷔지에는 이 집을 스낵바에서 스케치했습니다. 아내와 얘기하며 설계한 추억이 있지요. 카페에 앉아 좋은 집을 설계하는 소소한 일상, 꿈을 얘기하는 여유가 좋습니다. 생각을 그림으로 표현할 수 있는 솜씨도 부럽습니다. 크루즈 여행을 하며 작은 공간을 활용해 살

수 있는 집을 구상했다고 합니다.

이 집은 아내의 고향, 스낵바에서 설계한 추억, 크루즈 여행의 추억이 담긴 안빈낙도와 유유자적의 공간입니다. 르 코르뷔지에가 생전에 좋아했던 공간입니다. 그는 수영을 좋아했고, 여느 날처럼 수영을 하다가 심장마비로 생을 마감했습니다. 그리고 아내와 함께 이 집에서 가까운 장소에 묻혔습니다. 작은 묘지석은 지중해의 푸른색에 주황색 지붕, 그리고 하얀색의 벽을 하고 있어요. 좋아하는 곳에서 작품 활동을 하며 좋아하는 아내와 여생을 즐긴 겁니다. 4평짜리 공간에서도 행복했습니다.

여기서 잠깐! 밥은 어떻게 먹었을까요? 집에는 식당이나 부엌이 없어요. 집에 들어서면 왼쪽에 문이 하나 나 있습니다. 카페, 식당으로 가는 문(⑮)입니다. 좋게 보면 카페를 식당으로 공유한 거지요. 작은 집에서는 함께하는 공유 공간이 중요한 것 같습니다. 사랑하는 아내의 집에는 부엌이 없습니다. 그럼에도 불구하고 요리하는 즐거움을 누리지 못한 건 안타까움으로 남습니다. 아내 이본은 밥을 하지 않아도 돼서 좋았을까요, 안타까웠을까요? 어떤 게 잘 사는 걸까요? 카바농! 모든 기억을, 모든 희망을 작고 간결하게 시처럼 공간에 표현했습니다. 르 코르뷔지에가 맘에 점찍은 오두막, 공간의 '시詩'입니다.

7장

공간 정치학:

공간을 둘러싼 권력투쟁

무섭고
살벌한 공간

공간에 얽힌 무서운 얘기를 하려 합니다. 한여름 밤의 폐가 같은 건 아니고요. 정치에 얽힌 소름 끼치는 이야기입니다. 역사적으로 보면 지역에 기반을 둔 정치 세력 간의 다툼은 피를 부르며 사화士禍나 전쟁으로 끊임없이 나타났죠. 1950년 한국전쟁, 박정희 시대의 산업화를 주도한 영남 정치 세력과 김대중 시대의 민주화를 주도한 호남 정치 세력, 1989년 중국 베이징, 중국판 5.18 민주화 운동을 탱크로 강경 진압하면서 등장한 장쩌민의 상하이방, 미국의 중부 대평원에 기반을 둔 공화당과 북동부 오대호에 기반을 둔 민주당에 이르기까지 공간과 정치는 예나 지금이나 운명적으로 얽혀 있습니다. 고향이나 지역, 인맥이 이념이나 정치 세력과 결합한 거죠.

정치 세력은 지역의 기질과 맞닿아 있습니다. 중국의 정치 수도 베이징방과 경제 수도 상하이방 그리고 한족의 고도 난징 사이에는 미묘한 긴장감이 흐릅니다. "서구 열강에 땅을 내주며 졸부가 된 상하이", "가진 것도 없으면서 폼 잡는 난징"이라고 서로를 헐뜯습니다. 천안문 사태 때처럼 베이징은 정치권력을 잡은 상하이방에 대항하며 자유 세력으로 성장하고 있습니다. 상하이는 개항과 더불어 외국인이 자유롭게 왕래했던 조차지로 상업 무역이 발달했습니다. 돈의 경영과 사람 관리에 탁월한 지역 기질을 기반으로 장쩌민 이후 2020년 현재에 이르기까지 중국 공산당을 이끌고 있죠.

한국 영호남의 아픈 갈등의 역사는 지역에 기반을 두고 있는데, 이합집산 하며 권력을 잡기도 했습니다. 독재에 항거한 목포 김대중의 동교동계와 거제 김영삼의 상도동계는 서로 경쟁하였습니다. 상도동계는 영남 세력과 손을 잡고 대통령이 되었으며, 동교동계는 호남·충청 세력과 손을 잡으며 대통령이 되었습니다. 정치 지형상 신라와 백제의 부활 같아 보였습니다. 지금은 지역색이 완화되었지만 앞으로도 영향은 있을 것입니다. 신라, 백제, 고구려가 고려와 발해 그리고 조선으로 통일되고, 다시 남북한으로 나뉘었습니다. 그렇게 정치는 지역에 기반을 두며 이념과 결합합니다.

　이쯤해서 서설을 마치고 공간에 얽힌 두 가지 정치 얘기를 본격적으로 풀어볼까 합니다. 하나는 고려시대 '묘청의 난'이고, 또 다른 하나는 갑론을박이 있을 수 있는 노무현 전 대통령의 '행복도시'에 얽힌 이야기입니다. 역사적 평가가 이루어지지 않은 상태라 조심스럽긴 하지만, 공간으로 바라보는 하나의 정치적 해석이라 여기고 읽어주시기 바랍니다. 두 사람 다 기득권에 대항하였고, 수도 이전을 주장했으며, 결국 정파 간의 갈등으로 인한 죽음으로 끝났습니다. 지역을 매개로 한 권력투쟁입니다. 고려사와 현대사의 아픈 얘기를 시작하겠습니다.

묘청의
서경 천도

묘청의 난은 "일천년래 제일대사건—千年來 第一大事件"으로 표현됩니다. "묘청의 서경천도운동이 좌절되어 우리 고유의 낭가사상이 단절되었다. 그래서 우리 민족은 자주성을 잃었다." 독립운동가 신채호 선생의 묘청의 난에 대한 역사적 해석입니다. 왕 중심의 역사에서 '난亂'으로 지칭된 사건에 자주 세력의 싹이라는 의미를 부여하며 역사적 사건으로 띄운 거지요. 신채호 선생은 권력투쟁에서 김부식의 개경파가 승리하고 묘청의 서경파가 패배한 것을 역사적 맥락에서 아파합니다.

신채호 선생은 『조선사연구초』에서 묘청의 서경천도운동을 다음과 같이 평합니다. "서경 전투는 곧 낭·불 양가 대 유가의 싸움이며, 국풍파 대 한학파의 싸움이고, 진취 사상 대 보수 사상의 싸움이니, 묘청은 곧 전자의 대표요, 김부식은 후자의 대표였던 것이다. 이 전쟁에서 묘청 등이 패하고, 김부식이 승리하였으므로 조선 역사가 사대적·보수적·속박적인 유교 사상에 정복되었으니, 이 전쟁을 어찌 일천년래 제일대사건이라 하지 아니하랴."

묘청의 난은 하루아침에 일어난 것이 아닙니다. 경원 이씨를 중심으로 한 문벌 귀족의 외척 정치와 부정부패 그리고 무능한 왕 아래에서 고려의 백성들은 신음하였죠. 당시 11대 문종에서부터 17대 인종에 이르기까지 경원 이씨의 딸들이 왕후가 되었습니다. 이자연은 문종에게 딸 셋을 왕비와 후궁으로 주었고, 숙종을 제외하면 모든 왕비는 경원 이씨의 딸이었습니다. 외척 정치의 절정은 이자겸에 이르러서였는데, 이자겸은 16대 예종의 장인이자 17대 인종의 외할아버지였어요. 예종은 이자겸의 딸인 문경왕후와 혼인하여 인종을 낳았고, 인종은 다시 이자겸의 딸 둘과 결혼한 거죠. 지금으로 보면 혼탁하고 황당한 결혼 관계인 셈입니다. 이러한 외척 정치는 참으로 가관이었습니다.

문벌 귀족 이자겸은 왕이 되려 하였습니다. 문벌 귀족의 높은 세금을 피해 백성들은 유랑하고, 민심이 흉흉한 가운데 '십팔자 도참설+八子 圖讖說'이 나돌게 됩니다. 이씨가 왕이 될 거라는 예언 같은 것이 개경에 파다하게 퍼지게 된 거죠. 이자겸은 왕이 되려 온갖 꾀를 냈고, 이를 미리 탐지한 인종이 이자겸을 치려 했는데 그 비밀이 샙니다. 이자겸은 왕궁을 불태우고, 결국 인종은 이자겸의 집에서 국사를 보게 됩니다. 그러나 이자겸과 함께했던 군사 세력인 척준경의 마음이 변하여 이자겸을 친 뒤 유배를 보내고, 그 딸들을 폐비로 삼으면서 이자겸의 난은 끝이 납니다. 이를 계기로 인종은 문벌 귀족을 통제하며 왕권을 강화하겠다는 생각을 굳히게 됩니다.

권력투쟁이 시작됩니다. 국제정치의 변화는 권력투쟁에 기름을 붓습니다. 송나라를 정복한 여진족이 금나라를 세우고 고려에 형제 관계를 요구하였습니다. 이에 서경 출신 묘청은 '금국정벌론'을 주장하고, '도참설'을 바탕으로 '서경천도설'을 제기합니다. '개경'은 지기地氣가 다하였으니, 새로운 길지인 '서경'으로 궁을 옮겨야 한다는 주장이죠. 왕권 강화를 서두르던 인종은 묘청의 의견을 받아들여 서경에 대화궁을 세우고 서경 천도에 착수합니다. 개경파를 압박한 셈이죠. 그러나 돌풍과 폭우 그리고 기상이변 등 왕의 서경 행차에 이상한 일이 벌어졌어요.

이 일을 계기로 개경과 개경 이남을 근거지로 삼은 문벌 귀족은 금국정벌론과 서경천도설에 일대 반격을 가하게 됩니다. 개경파가 서경 천도를 반대하자 인종은 마음을 바꿉니다. 이에 불안을 느낀 묘청은 대위국을 서경에 세우고 1년여 간의 치열한 전쟁을 치르지만, 김부식이 이끄는 토벌대에 의하여 패배합니다. 자중지란自中之亂으로 묘청은 부하 조광에게 살해되었고, 조광은 개경파와의 정치 협상에 실패하자 항전을 계속하다 토벌됩니다. 이렇게 서경 천도는 실패로 끝났고, "묘청은 섣부른 거사 때문에 정지상과 윤언이와 같은 자주 인물의 씨를 말렸다"고 신채호 선생은 평가합니다. 자주의 싹을 키우지 못하고 서경 천도에 실패한 묘청을 비판한 셈입니다.

노무현의
행복도시 이전

이제 현대로 옵니다. 노무현 전 대통령의 행복(행정중심복합)도시 이 야기입니다. 노무현은 2002년 대통령 후보 시절, 신행정 수도의 건 설을 공약으로 내세웁니다. 대통령에 당선되면 충청권으로 청와대 와 중앙 부처를 옮겨서 국토의 균형 발전을 이루고, 수도권과 지방 의 격차를 완화하겠다고 했습니다. 이러한 공약에 대하여 여당인 한 나라당은 충청권의 표를 얻어 대통령에 당선되겠다는 정치공학적 선거용 약속이라고 비판하는 동시에 수도권 공동화론을 내세워 수 도권 표를 공략합니다. 치열한 논리 대결과 국민의 표를 얻으려는 두 정파 간 갈등은 노무현의 당선으로 마무리되는 듯했으나 정파 간 권력투쟁은 이후 내내 증폭됩니다.

　행복도시의 이전을 둘러싼 권력투쟁 일지는 다음과 같습니다. 2002년 노무현 새천년민주당 대통령 후보의 신행정 수도 이전 대 선 공약, 2003년 노무현 대통령 당선과 '신행정수도이전특별법' 국회 통과, 2004년 특별법 공포와 한나라당의 반격 그리고 헌법재판소의 헌법 위헌 결정, 2005년 '행정중심복합도시건설특별법'을 통한 중앙 행정기관의 이전 재추진, 그리고 2008년 다시 정권을 잡은 한나라당 이명박 대통령의 수정론을 통한 행복도시 건설 저지와 박근혜 한나라당 대표의 재추진 지지 의사 표명입니다.

두 정치 세력의 탄생은 공간 개발 과정에도 반영됩니다. 박정희 전 대통령은 1968년 경부고속도로를 건설하면서 산업과 자본을 경부 축에 집중시키고, 부산과 대구 등 영남 지역의 발전을 주도합니다. 광주와 목포 등 호남 지역은 상대적으로 낙후하게 되죠. 격차와 갈등은 이렇게 국가 재원의 차별적 지역 투자와 정치 세력에서부터 시작됩니다. 한나라당은 영남을 기반으로 성장한 보수 세력으로 재벌·대기업 등 산업화의 기득권층이라 볼 수 있죠. 반면에 민주당은 호남을 기반으로 성장한 진보 세력으로 중소기업을 지원하는 민주화 세력이라 할 수 있습니다.

산업화와 민주화의 역사적 과정에서 민주화 정치 세력은 한나라
당을 '군부독재'로, 산업화 정치 세력은 민주당을 '빨갱이'로 몰아
붙였습니다. 나라는 지역색과 이념 색이 혼재하면서 서울과 시골
그리고 영남과 호남으로 갈라졌고, 지역 격차와 갈등 해소는 국가
정책의 어젠다가 되었습니다. 국토 균형 발전은 국토종합계획의 중
요 어젠다가 되었으나, 수도권과 지방의 인구 집중과 경제 격차는
커졌습니다. 이를 두고 두 정파가 지지하는 국가의 발전 전략은 달
랐습니다.

한강의 기적을 이룬 한나라당의 산업화 정치 세력은 기득권을 유
지한 채 국가 경쟁력 강화를 위하여 서울과 수도권의 우선 성장에 초
점을 두었고, 이는 기존의 경부 축 강화 유지를 의미했습니다. 반면
1980년대에 민주화를 이룩한 민주당의 민주화 정치 세력은 국가 경
쟁력의 걸림돌인 격차 해소를 위하여 국토 균형 발전에 초점을 두었
는데, 수도권과 지방, 영호남의 격차 해소에 집중했습니다. 방법론으
로 민주당은 물리적인 행정기관 이전을 선호하였고, 한나라당은 지
역의 특화 발전에 정책적 우선순위를 두었어요.

이러한 배경에서 노무현 대통령 후보는 캐스팅보트를 쥔 충청권
의 표를 얻어 정치를 교체하고, 국가의 균형 발전을 통하여 국가 경
쟁력을 강화하겠다는 꿈을 꾸게 됩니다. 노무현 후보의 신행정 수
도 이전 공약은 정치·경제·사회·문화적 변혁을 의미합니다. 사회·

문화적으로는 서울과 시골이라는 이분법에서 나아가 다양성을 존중하는 긍정적인 면이 있습니다. 정치적으로는 한나라당에서 민주당으로의 권력 교체이며, 경제적으로는 서울 수도권 이외에 새로운 부를 주도하는 경제권의 탄생을 의미하죠. 정치 세력의 교체에 따라 투자 지역이 달라지며, 기반 시설과 산업의 지도 또한 달라지는 거죠. 엄청나게 큰 변화를 수반하는 공간 기반 공약일 수밖에 없었습니다.

이 공약은 대통령 선거에 결정적인 역할을 합니다. 민주당 노무현 후보는 48.9퍼센트(12,014,277표)의 득표율을 기록했고, 한나라당 이회창 후보는 46.6퍼센트(11,443,297표)의 득표율을 기록했습니다. 불과 2.3퍼센트 차로 승리한 셈이죠. 특히 노무현 후보는 서울, 인천, 경기 등 수도권과 호남, 충청과 제주 지역의 지지를 얻어 당선되었습니다. 이회창 후보는 부산·울산·경남, 대구·경북, 강원 지역의 지지를 얻었죠. 이전의 투표 성향과 다르게 보수 표밭이었던 충청 지역의 표가 충청의 터줏대감 김종필 전 총리의 정치적 지지 없이 노무현 후보에게 찬성표를 던졌습니다. 신행정 수도 이전 공약의 약효가 나타난 거죠. 공간을 둘러싼 권력투쟁에서 전략적 승리를 한 것입니다.

그러나 노무현의 꿈이었던 행복도시 건설은 실현이 간단하지 않았습니다. 한나라당의 역습이 시작되었습니다. 슬프게도 노무현은 행복도시 이전이 완료되는 것을 보지 못하고 2010년 생을 마감했습니다. 그러나 노무현의 꿈은 지칠 줄 몰랐습니다. 노무현의 꿈인 행복도시 건설은 2019년 행정안전부와 과학기술정보통신부의 이전으로 완료되었습니다.

이 과정에서 지역, 전문가, 언론, 정파는 사분오열되며 오랜 시간 찬반론을 이어갔습니다. 정치가 지역을 움직이고, 이해관계에 따라 지역의 찬반 입장에도 변화가 있었습니다. 수정안에 포함된 지역별 인센티브 및 지자체별 첨단 복합단지, 산업 단지, 기업 도시, 혁신도시 등이 무산될 수 있다는 위기감 때문이었습니다. 정책을 주도하는 정당과 여야 모두 행복도시를 발판 삼아 선거에서 표를 얻으려는 모습을 보였습니다. 한나라당의 충청의원들은 당론과 달리 행복도시 건설에 찬성 의견을 나타냈고, 국책 연구소는 정권의 변화에 따라 찬성과 반대를 번복하는 안타까운 일도 있었습니다.

행복도시 건설에 대한 찬성론자를 보면, 찬성 지역은 충청이 중심이 되었으며, 이후에 경기가 소극적 찬성의 입장을 보였습니다. 의회는 여야를 불문하고 충청권과 열린우리당, 민주당, 한나라당(친박)이 찬성하였고, 여론은 행정중심복합도시특별법 공포 이후에 반대 입장이 찬성 입장으로 번복되는 추세를 보였습니다. 충청 지역의 지역발전연구원을 비롯하여 지역 전문가, 진보 계열의 언론사가 행복도시에 찬성하는 입장을 보였죠.

행복도시 건설에 대한 반대론자를 보면, 전문가는 수도권의 지역발전연구원 및 원로학파가 중심이 되었으며, 이후에 당초 이전 계획

행복도시(자료: 행정복합도시건설청, 2006, 행정중심복합도시건설사업개발계획)

을 수립했던 국책연구원이 추가되었습니다. 보수 언론도 반대 입장을 보였고, 반대 지역은 수도권이 중심이 되었습니다. 의회는 한나라당을 중심으로 수도권 중심의 의원들이 반대 입장을 보였습니다.

공간을 둘러싼 권력투쟁은 동서고금을 막론하고 일어났어요. 미국의 도널드 트럼프는 쇠퇴하던 백인 러스트 벨트 지역의 지지를 받아 대통령에 당선되었죠. 정치 권력투쟁은 경제 자원과 투자 재원의 공간적 배분에 영향을 주죠. 그래서 공간을 둘러싼 권력투쟁은 미래에도 일어날 가능성이 커요. 권력투쟁의 목적과 성격이 문제입니다. 권력투쟁은 역사의 강을 건너면서 진화합니다. 권력을 위한 권력투쟁은 실패합니다. 국민에게 이로운 권력투쟁은 성공합니다. 그러나 국민을 위하는 것과 국민을 위하지 않는 것의 경계는 항상 모호합니다. 오늘도 우리는 선택의 기로에 서 있습니다. 최선의 선택을 뒤로 하고, 차악을 막는 차선을 선택해야 하는 걸까요? 내일도 좋은 오늘의 결정처럼, 최선을 위한 최선의 선택은 불가능한 걸까요?

8장

공간 문화학:

지속 가능한 전통 공간의
아름다움

로컬,
아름다운 전통 공간

사람이 다르니 공간도 다릅니다. 국제화로 세계는 비슷해졌지만 여전히 지역색은 살아 있습니다. 동남아시아의 '필로티', 몽골의 '게르Ger', 미국 산타페의 '어도비Adobe', 일본 시라카와고의 '갓쇼즈쿠리合掌造り' 등은 지방색 짙은 재료와 독특한 문화 색채로 아로새겨진 전통 공간입니다. 대량생산 대량소비에 지친 현대는 표준화를 버리고, 다품종 소량생산의 독특함을 추구합니다. 같음보다는 다름, 독특한 개성과 정체성이 대세가 되면서 전통 공간이 새롭게 조명받고 있습니다. 오랜 기간 고쳐가며 완성한 뒤에도, 새롭게 발전·검증되고 있는 지속 가능한 공간입니다.

동남아시아 가옥의 1층에는 필로티를 세워 가축 등을 들이고, 2층부터 사람이 거주합니다. 잦은 홍수와 뱀이나 벌레 등 해충의 위협으로부터 안전한 가옥 구조입니다. 몽골의 가옥은 게르라고 불리는데 조립식 텐트라 할 수 있습니다. 양을 치며 풀을 찾아 자주 이동하기 때문에 만들기 쉽고 이동이 편리한 텐트 같은 가옥이 필요했던 거죠. 북극의 에스키모는 눈과 얼음으로 만든 '이글루'에 삽니다. 이렇게 전통 건축의 재료나 구조는 기후, 문화 그리고 생활 방식을 충분히 반영하며 지속됩니다.

미국에서 지역색이 강한 곳은 뉴멕시코주의 산타페Santa Fe입니다. 산타페에서는 독특한 어도비 건축을 곳곳에서 볼 수 있습니다. 아프리카나 페루 등에서도 흔히 볼 수 있는 흙으로 만든 건축 양식이죠. 어도비 건축은 햇빛이 강하고 비가 많이 내리지 않는 지역에서 흔히 볼 수 있습니다. 산타페는 유네스코가 지정한 창조 도시로 예술가들이 모여 사는 도시답게 어디서나 갤러리를 볼 수 있습니다. 고풍스러운 도시에는 푸에블로인디언Pueblo Indian의 주거 양식과 스페인, 멕시코 등의 통치 역사가 융합되어 있습니다. 스페인 시장과 인디언 시장에서는 문화 축제 행사가 열리기도 합니다. 산타페는

'거룩한 믿음'이란 뜻이며, '다름의 도시'라고도 불립니다.

일본 시라카와고의 갓쇼즈쿠리 '합장 주택'도 일본의 전통 가옥입니다. 눈이 많이 오는 지역이라 지붕 각도는 60도입니다. 산속 나무를 이용하여 엇배치하고 갈대로 지붕을 엮습니다. 겨울의 강한 바람을 막고 눈을 견딜 수 있으며 지진에 안전한 구조입니다. 눈 내린 시라카와고의 전통 가옥은 한 폭의 그림 같습니다.

전통 공간은 오랜 세월 지역의 삶과 문화를 담고, 자연과 기후에 적응하며 오늘에 이르렀습니다. 그런가 하면 전통 공간은 지역색으로만 머무르지 않습니다. 시공을 초월하여 이름 붙여진 공간이 사회·문화를 기억하기도 합니다. 서양 도시에는 '킹스트리트King Street'와 '퀸스트리트Queen Street'가 있죠. 킹스트리트는 대부분 술집처럼 남성적인 시설이 많은 거리를 말합니다. 반면에 퀸스트리트는 쇼핑, 문화, 상업 등의 시설이 주를 이루는 번화가가 많죠. 이것도 '킹'의 문화와 '퀸'의 문화를 반영하고 있는 것이죠. 한 민족의 삶과 문화가 하나의 전통 공간이 되기도 하고, 자연이 여러 민족의 삶과 문화를 하나로 엮어내기도 합니다. '한옥'과 알프스 자락의 '파크베어크하우스Fachwerkhaus'가 그런 모양을 하고 있습니다.

자연을 담은
한옥

한옥은 한국의 전통 건축물로 '움집', '막집', '수혈주거', '너와집', '귀틀집', '초가집', '기와집'을 의미하기도 합니다. 고려 양식인 솟을합장, 솟을대문이 있는 아산 '맹씨 행단'은 현존하는 가장 오래된 민가입니다. 고성 '왕곡마을'은 북방식 전통 한옥으로 'ㄱ' 자형 주택입니다. 안동 '하회마을'과 강릉 '선교장'과 같은 조선의 집도 있습니다. 원래 한옥은 양옥과 비교되는 개념으로 조선 서민의 민가와 양반의 반가로 이루어집니다. 현재는 조선시대 상류층의 가옥이 주를 이루죠. 온돌, 대청, 사랑방, 팔작지붕, 박공지붕, 우진각지붕과 같은 특징이 있어요. 같은 듯 다른 전통 살림집, 한옥의 이름이고 모습입니다.

사람과 자연이 만드는 한옥의 매력은 참으로 다양합니다. 한옥은 사람에게 이로운 자연을 품고 있습니다. 집터를 고를 때는 '배산임수'를 제일로 삼았습니다. 바람을 막고 물을 얻을 수 있는 '장풍득수'

에 유리하기 때문이죠. 겨울에는 북서쪽에서 불어오는 바람을 막아 따뜻하고 여름에는 남동풍을 받아 시원한, 자연적으로 온도 조절이 되는 터입니다. 농사에 필요한 물을 제공하고 생명을 잉태하는 땅입니다.

한옥의 공간은 과학입니다. 오랜 시간에 걸쳐 고치고 또 고쳐서 만들어진 과학기술입니다. 한옥은 안채와 사랑채로 구성된 집과 담 그리고 마당으로 이루어져 있습니다. 마당은 담으로 둘러싸여 열린 공간의 역할을 합니다. 마당이 존재함으로써 한옥은 열린 듯 닫힌 공간이 됩니다. 밖의 열린 공간인 마당은 안의 열린 공간인 대청마루로 연결됩니다. 대청마루는 지면에서 약간 들어 올려져 온도와 습도를 조절하는데요. 이렇게 하면 여름의 습한 기운을 조절할 수 있습니다. 서늘한 뒤뜰과 햇빛에 데워진 따뜻한 마당의 온도 차 때문에 대류현상이 촉진돼 대청마루에 시원한 바람이 불게 되는 거죠.

전통 공간의 구성은 문화를 반영합니다. 한옥의 공간, 안채와 사랑채는 '남녀칠세부동석男女七歲不同席'이라는 유교의 영향을 받았습니다. 먹을 것을 저장하는 곳간채와 조상님께 제를 올리는 사당도 있습니다. 안채는 여성의 공간이며, 사랑채는 남성의 공간입니다. 한옥학자들은 사랑채에 얹힌 누마루를 '한옥의 꽃'이라고 이야기합니다. 기능으로 보면 외부에서 오는 사람들을 맞이하는 공간인 동시에 노비들을 통제하는 명령의 공간이기도 합니다. 경치를 감상하며 술잔을 기울이던 풍류의 공간이기도 했죠. 안채의 마당이 바람길을 만들고 아낙네의 숨통을 틔우는 공간이라면, 사랑채의 누마루는 한옥에서 가장 권위 있는 공간입니다. 현대의 아파트는 부엌과 화장실을 안으로 들이고, 대청마루를 거실로 들입니다. 거실을 중심으로 한 공동체 문화를 표현합니다. 복도를 중심으로 개인의 공간을 배치하여 프라이버시를 중시하는 서양의 공간과 사뭇 다릅니다. 전통 공간인 마당은 모두의 마당이자 정원으로 만들어집니다. 때로는 모두가 거실에서 자연을 바라보죠.

전통 공간은 자연에서 옵니다. 한옥은 석축으로 기반과 주춧돌을 쌓고, 나무로 구조를 만들며, 흙으로 벽을 구성합니다. 자연에서 흔히 볼 수 있는 재료를 사용합니다. 이러한 재료는 습도를 조절하며, 탈취와 공기정화 기능을 합니다. 방은 아궁이, 구들장과 고래, 굴뚝으로 이루어지는 온돌로 난방을 합니다. 방에서도 아랫목과 윗목의 온도 차이로 대류현상이 일어나 공기가 훈훈해집니다. 지붕의 처마는 지붕과 30도 각도를 유지하며 햇빛을 받아들입니다. 기와는 암키와와 수키와, 숫마루장과 암마루장, 그리고 비가 들이치는 걸 막기 위한 큰 암막새와 빗물을 끊어내는 수막새가 있습니다. 음양의 조화를 이루는 셈입니다.

논산에 있는 '명재고택'은 한옥의 특징을 잘 보여줍니다. 소론의 거두 윤증의 호를 따서 제자들이 지은 집이죠. 윤증은 대부분 초막에서 기거하며 우의정에 제수되었으나 관직에 오르지 않고 평생 제

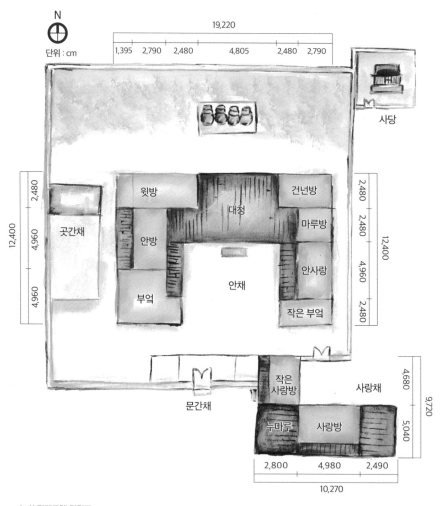

N
단위 : cm

19,220
1,395 | 2,790 | 2,480 | 4,805 | 2,480 | 2,790

사당

12,400
2,480 | 4,960 | 4,960

곳간채

윗방

안방

부엌

대청

안채

건넌방

마루방

안사랑

작은 부엌

2,480 | 2,480 | 4,960 | 2,480

12,400

작은
사랑방

사랑채

누마루

사랑방

4,680 | 5,040

9,720

문간채

2,800 | 4,980 | 2,490

10,270

논산 명재고택 평면도

논산 명재고택 전경

자 양성에 힘을 쏟았습니다. 큰 나무가 있는 언덕에서 명재고택을 내려다보면 공간이 잘 보입니다. 점심을 먹으며 항아리가 옹기종기 멋있는 명재고택을 즐길 수 있는 곳입니다. 명재고택은 노성산을 뒤로하고 앞에 연못을 둔 배산임수의 터에, 'ㄷ' 자형 안채와 마당 그리고 'ㄴ' 자형 사랑채로 이루어졌습니다. 안채는 곳간채로 이어지고 사당과도 연결됩니다. 이 집은 일반적으로 높게 솟은 솟을대문과 달리 문간채의 지붕을 낮춰 집의 채광을 고려했습니다.

한옥 건축에 담긴 아이디어는 현대 도시를 만드는 원칙으로 발전합니다. 바람길인 '화이트 네트워크White Network'는 온도를 조절하고 맑은 공기를 공급합니다. 물길인 '블루 네트워크Blue Network'는 서로 연결되어 다양한 생명종의 보금자리를 만듭니다. 녹지띠인 '그린 네트워크Green Network'는 쉼터이며 미세먼지를 줄이는 도시의 허파로 거듭납니다.

배움과 섬김의
서원과 가람

'서원'은 한국의 전통적인 교육 공간입니다. 일반적으로 '진입 공간', 공부하는 '강학 공간', 제를 지내는 '제향 공간', 하인 숙소 등의 '지원 공간'으로 구성됩니다. 대부분의 서원에서는 '전학후묘前學後廟'의 배치 방식을 따릅니다. 안동 '병산서원'은 정문인 복례문을 지나면 그 유명한 만대루가 나옵니다. 만대루 밑으로 들어가면 교육하는 입교당과 동재와 서재의 기숙사로 이루어진 강학 공간이 있고, 그 위로 제향 공간이 위치합니다. 유교 문화의 영향으로 가장 높은 곳에 사당이 있습니다. 각각의 공간은 높낮이가 있습니다. 공간의 분리와 위계를 나타냅니다. 만대루에 오르면 깎아진 산 절벽 앞에 흐르는 낙동강을 볼 수 있는데, 늦은 오후와 보름달이 뜬 밤의 경치는 아름답기 그지없습니다. 특히 배롱나무꽃이 피는 봄이 아름답습니다.

'가람'은 사찰Temple을 의미하는 우리의 또 다른 전통 공간입니다.
일반적으로 당간지주, 일주문, 천왕문, 범종각, 강당, 승방, 탑, 불전
금당, 삼성각 등으로 구성되죠. 경북 영주에는 '부석사'가 있습니다.
부석사는 의상대사를 흠모한 선묘의 이야기로 유명합니다. 당나라
에 화엄을 공부하러 간 의상대사를 선묘는 연모합니다. 선묘는 의상
대사가 귀국하는 길에 용으로 변하여 배를 호위하였고, 바위를 들어
올려 봉황산 기슭에 절을 지으려는 의상대사에 반대하는 이교도를
제압하였습니다. 이 바위를 '부석浮石'이라 하고, 그곳을 '부석사'라
이름하였죠. 이후 석룡으로 변한 선묘는 부석사 무량수전 뜰에 묻혀

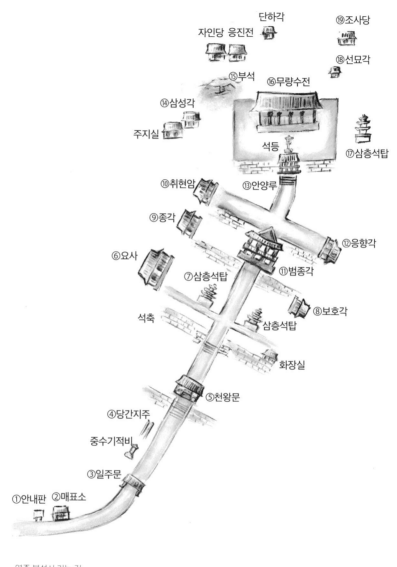

⑲조사당

단하각

자인당 응진전

⑱선묘각

⑮부석　⑯무량수전

⑭삼성각

주지실

석등

⑰삼층석탑

⑩취현암　⑬안양루

⑨종각

⑫응향각

⑥요사

⑪범종각

⑦삼층석탑

석축

삼층석탑

⑧보호각

화장실

⑤천왕문

④당간지주

중수기적비

③일주문

①안내판 ②매표소

영주 부석사 가는 길

영원히 부석사를 지키고 있다는 전설이 있습니다.

　부석사는 사찰의 '가람 배치' 방식을 감상할 수 있는 아름다운 장소입니다. 일주문(③)을 지나 사찰 종파의 깃발을 거는 당간지주(④)를 왼쪽에 두고 천왕문(⑤)을 지납니다. 언덕을 천천히 오릅니다. 중생을 제도하는 범종, 날아다니는 중생을 제도하는 운판, 물속의 중생을 제도하는 목어, 축생을 제도하는 법고(홍고와 소고) 등 사물이 있는 범종각(⑪)을 지나 안양루(⑬)에 이르면 석양이 아름답습니다. 싸운 부부가 화해하고, 멋쩍은 연인이 저절로 손을 잡게 된다는 사물의 울림이 큽니다. 안양루에서 보는 석양과 봄의 하얀 사과 꽃과 가을의 빨간 사과 꽃은 절경입니다. 석등 그리고 배흘림기둥과 팔작지붕을 한 무량수전(⑯)이 절의 중심부를 구성합니다. 무량수전 뒤로 부석(⑮)이 있고, 오른쪽에 삼층석탑(⑰)과 의상대사를 모신 조사당(⑲), 지장전 등으로 이어지는 산길이 있습니다. 절묘한 공간입니다.

영주 부석사 전경

영주 부석사 안양루의 노을

알프스가 만든
파크베어크하우스

파크베어크하우스는 독일의 전통 목조 가옥입니다. 독일의 전통 가옥이라지만 알프스 인근에 위치한 이탈리아, 독일, 프랑스에서 자주 볼 수 있는 주택입니다. 알프스가 주는 우량한 목재의 결을 느낄 수 있는 집의 모습을 가감 없이 보여주고 있습니다. 벽체에 새겨진 목재 골조 형태에는 안드레아 성인의 십자가를 나타내는 'X' 자 문양이 있는가 하면, 고딕 양식을 대표하는 첨두아치 문양도 있습니다. 집을 안전하게 지키고 하중을 지지하려는 종교적·기술적 문양입니다. 목조 구조는 못을 사용하기보다는 우리가 가구를 만들 때 쓰던 짜맞춤 기법을 사용합니다.

목조 구조는 한옥처럼 짚이나 흙 또는 돌을 섞어 벽을 만드는데 이는 열과 습기를 조절합니다. 석재로 만든 벽도 있는데 '슈타인하우스Steinhaus'라 하며 공공 건물로 사용되는 경우가 많습니다. 파크베어크하우스는 알프스의 아름다운 경관을 조망할 수 있도록 발코니가 넓고 깊습니다. 거기에는 예쁜 꽃 화분이 주렁주렁 달려 있지요. 지붕은 뾰족하고 경사가 가파른데, 쌓인 눈을 흘러내리게 해 하중을 줄이기 위함이죠. 파크베어크하우스 안으로 들어가면 집의 하중을 지지하고 있는 나무 기둥을 볼 수 있고, 석가래와 보가 고풍스러운 형태를 하고 있습니다.

프랑스 스트라스부르Strasbourg의 프티 프랑스Petite France나 콜마르의 프티 베니스Petite Venice에 가면 멋진 색감의 파크베어크하우스를 볼 수 있습니다. 프티 프랑스는 잔잔한 일강Ill River을 따라 조성된 가옥 마을이죠. 엄마를 따라 나온 예쁜 아이가 있어 더욱 동화 같은 마을입니다. 수문을 막고 물을 채워야 유람선이 높은 곳으로 이동할 수 있는 수로 시스템은 특이합니다. 오래전 제 카메라에 찍힌 예쁜 아이는 이제 숙녀가 되었을 테지만 프티 프랑스는 여전합니다.

프티 베니스는 도시를 관통하는 로슈강Lauch River을 따라 펼쳐진

콜마르 프티 베니스의 파크베어크하우스

파스텔톤의 거친 나무들 덕에 한 폭의 수채화 같은 느낌이 듭니다. 물에 비친 가로수를 배경으로 한 집들의 풍광은 넋을 잃게 합니다. 운하를 따라 걸을 때 드문드문 보이는 작은 다리는 엽서 속 그림을 위한 연출 같아요. 복잡한 듯 화려한 게 자연스럽습니다. 걷다 힘들면 앉아서 즐기는 커피나 아이스크림도 달콤합니다.

전통 공간은 오랫동안 실험되고 검증된 독특한 공간으로 오늘에 이릅니다. 세계의 전통 공간은 모두 다릅니다. 삶이 다르고 기후가 다르며 자연이 다르기 때문이죠. 그 공간이 거기에 그런 모양을 하고 있는 것은 다 이유가 있습니다. 자연에 도전하며 처절하게 실패했을지라도 그렇게 한 '이유'는 간절했고 타당했기 때문입니다. 그때는 불완전하고 이상했어도, 그때의 삶에 최적화된 공간이었습니다. 그래서인지 다른 게 이상하지 않고, 다르기 때문에 아름답습니다. 한옥을 보면 우리 아버지의 할아버지의 숨결이 느껴집니다. 그래서 왠지 당기고 더욱 정겹습니다. 혹독한 기후와 자연에 대응하며 조성된 삶터는 조상의 경험과 체험으로 다듬어지고 후손에게 전수됩니다. 그렇게 전통 공간은 현재와 과거의 끊임없는 대화를 통하여 지속 가능한 공간으로 진화하고 있습니다. 세계는 그렇게 서로 다른 모습을 하면서 앞으로 나아갑니다.

9장

공간 사회학:

꿈꾸는 공간, 우리가 사는 공간

공간이 그린
빛과 그림자

이 장에서는 공간이 담은 아픔, '슬럼'의 아이러니를 얘기하려 합니다. 세계 금융의 심장 맨해튼, 그 북쪽엔 할렘Harlem인 '파이브포인츠'가 있습니다. 청바지를 엉덩이에 반쯤 걸치고 흐느적거리며 걷는 마약에 취한 젊은이를 '자유의여신상'이 내려다보고 있습니다. 세계 3대 해변 중 하나인 브라질 리우데자네이루 코파카바나 해변 뒤쪽 산등성이에 빈민촌 '파벨라Favela'가 있는데, 거대 예수상인 '구세주 그리스도'에서 보면 아름답기까지 합니다. 슬럼가는 찬란한 고층 빌딩의 불빛 아래, 아이러니하게도 중심 언저리 후미진 곳에 자리 잡고 있어요. 빛이 만든 그림자처럼 번화가가 만든 슬럼가가 한 쌍으로 있습니다. 공간에는 기쁨과 즐거움도 있지만 슬픔과 노여움도 있습니다.

　일반적인 영화에서 그려지는 슬럼가는 끔찍합니다. 낡은 주택이 즐비한 마약과 범죄의 온상으로 그려집니다. 상하수도 시설이 미비하여 전염병이 창궐하고, 쓰레기더미가 산을 이루어 악취가 가득합니다. 이곳은 치외법권 지역입니다. 영화 〈갱스 오브 뉴욕〉에서는 갱들이 마약 밀매로 지하경제를 키우며, 슬럼가의 지배권을 두고 전쟁을 치릅니다. 멕시코의 티후아나와 콜롬비아의 보고타에서 슬럼가의 실상을 볼 수 있습니다. 거리는 마약에 취한 사람들로 가득하고, 여성들은 성매매의 대상이 되며, 어린아이들은 영양실조로 고통 받습니다. 날씨가 추워지면 동사로 죽는 어린아이와 노인을 쉽게 볼 수 있습니다. 안타까운 현실입니다.

슬럼의
탄생

이런 슬럼은 어디서부터 왜 생긴 걸까요? 슬럼은 '경제 발전'과 '공동
번영'이라는 꿈에서 시작됩니다. 산업화가 진행되면서 농업은 제조
업에 자리를 내주며 쇠퇴하기 시작했고, 농부는 도시로 이동하여 노
동자가 됩니다. 많은 노동자가 일거에 도시로 몰리게 되니 임금도 낮
아지고 살 집도 없습니다. 일자리를 찾아 농촌을 뒤로하고 도시로 몰
려든 사람들이 도심지 근처의 버려진 땅에 하나둘씩 판잣집을 지으
며 슬럼은 형성되었습니다. 그러면서 슬럼은 커지기 시작합니다. 산
업화와 발전이 그린 공간의 빛과 그림자가 한 쌍인 것만은 확실해 보
입니다. 산업화의 진전, 이촌향도離村向都에 의한 도시화, 그리고 슬럼
의 형성은 저개발국가에서 아직도 벌어지고 있는 엄연한 현실입니
다. 슬럼은 자본 축적 과정에서 나왔습니다. 슬럼은 도시가 가난해서
가 아니라 도시가 부유해서 생겼습니다. 아이러니합니다.

　1970년대 우리의 형과 누나, 공돌이와 공순이는 구로공단 벌집에

서 살았습니다. 벌집에는 방이 스무 칸이 넘었는데, 대변기 하나를 26명이 공동으로 사용했습니다. 지하에도 방은 있었습니다. 1.5~3평 짜리 방입니다. 이들은 숨 쉬기도 힘든 먼지 가득한 공장에서 하루 14시간 넘게 일하며 병들어갔습니다. 청년 재단사 전태일은 노동자의 권익을 주장하며 분신했습니다. 그렇게 슬럼은 우리에게 다가왔습니다.

식민 지배와 전쟁도 슬럼의 원인입니다. 인도 뭄바이의 '다라비 Dharavi' 슬럼은 식민지의 아픔입니다. 뭄바이는 인도의 경제·금융 수도죠. 영국 동인도회사가 연간 10파운드로 뭄바이를 영구 임대하여 식민 착취의 허브로 만듭니다. 번영하던 뭄바이에 전염병이 창궐하자 병자를 다라비로 내쫓으며 슬럼이 생기기 시작했습니다. 영국의 식민지였던 케냐 나이로비의 '키베라 Kibera'는 영국이 소총부대에 땅을 내주면서 슬럼화되었죠. 식민지 제국주의가 사라지면 없어질 것

도시의 빛과 그림자, 슬럼

같았던 슬럼은 계속됩니다.

　전쟁은 필연적으로 슬럼을 만듭니다. 1950년 한국전쟁으로 서울은 기아와 슬럼이 가득했습니다. 영화 〈국제시장〉의 배경이 된 피난민의 터 부산역 언덕배기 산복도로에도 달동네가 형성됩니다. 달나라에 갈 수 있는 21세기에도 야만의 전쟁은 계속됩니다. 아프리카 국가들의 난민촌, 팔레스타인 난민촌, 아프가니스탄 난민촌, 시리아 난민촌, 미얀마 로힝야족의 정착촌이 된 방글라데시의 쿠투팔롱·발루크할리 등 난민촌은 지금도 수두룩합니다.

　최근에는 또 다른 이유로 슬럼이 추가되고 있습니다. 도시화가 완성된 선진국에서 나타나는 슬럼입니다. 저출산 고령화로 인구가 감소하고 사업성을 이유로 지역 재개발이 실패하여 빈집이 늘어나고 방치됩니다. 중소도시의 인구가 대도시로 이동합니다. 슬럼은 다른 얼굴을 한 채 광범위하게 계속되고 있습니다. 도시가 부유해서가 아니라 가난해서 또 다른 슬럼이 양산되고 있습니다. 슬럼 형성은 필연인 것 같습니다. 아프고도 슬픈 현실입니다.

슬럼에서 벗어나려는
지난한 몸짓들

베네수엘라 카라카스에 있는 빈민촌 타워 '토레 다비드Torre David'는 45층짜리 '콘피난사 금융센터'로 계획됐으나 금융 위기로 건설이 중단되면서, 2007년부터 빈민들이 점령하기 시작합니다. 3,000명 750가구가 입주해 직접 집을 꾸밉니다. 식료품점, 이발소, 상점, 무면허의 치과의사도 있고, 협동조합도 만들어집니다. 아이들은 주차장에서 뛰어놀고 오토바이로 이동하기도 합니다. 슬럼에도 희망이 있다는 증거를 봅니다.

"하늘은 스스로 돕는 자를 돕는다." 2012년 스위스 건축가 그룹 어반 싱크탱크는 토레 다비드를 베니스 건축 비엔날레에 출품하여 황금사자상을 받았습니다. 이들은 수경재배, 쓰레기 배출 시설 개선, 급수 시설 개선 등 수직 마을의 지속 가능성을 높이기 위해 주민과 협력합니다. 그러나 정부는 2014년 7월 치안 불안을 이유로 강제 이주를 결정하죠. 다시 불안한 이주가 시작됩니다. 주변의 주민들은 환호합니다. 슬럼의 부분적인 해결도 쉽지 않겠구나, 하는 생각에 다시 걱정이 앞섭니다.

슬럼을 상품화한 '슬럼호텔', '슬럼투어'가 있습니다. 슬럼투어는 1885년 뉴욕의 상류층이 경찰의 보호를 받으며 슬럼을 구경하면서 시작됐습니다. 남아프리카공화국의 백인이 흑인 마을을 구경하기도 합니다. 2016년 리우 올림픽 때도 슬럼투어는 있었고, 인도 뭄바이 '다라비 투어'는 지금도 인기 상품입니다. 네덜란드 비영리단체에서 시작된 슬럼에서의 하룻밤, 슬럼호텔도 있어요. 슬럼의 빈민들과 함께 생활해보는 겁니다. 이런 슬럼 상품에 대한 찬반 의견은 분분하죠. 슬럼의 아이들은 관광객에게 "원 달러! 원 달러!"를 외치지만, 엄마는 부끄럽습니다. 슬럼 상품이 슬럼에 대한 이해와 슬럼 탈출 또는 빈곤 퇴치에 필요한 자금 마련에 도움이 된다는 긍정적인 평가도 있습니다.

또 다른 슬럼 탈출 계획도 진행됩니다. 마약과 범죄의 도시 콜롬비아 메데인이 대표적이죠. 이스탄불에서 열린 인간 거주지에 대한 '제2차 유엔 해비타트UN-Habitat 회의'의 영향으로 통합적인 슬럼 지역 개선 프로그램, 다자간 통합 도시 프로젝트를 통하여 탈바꿈하고 있어요. 이는 인권 정책이며 포용 정책입니다. 기반 시설을 개선했습니다. 메트로케이블Metro Cable을 설치하고 에스컬레이터를 설치해 메데인에서 가장 위험한 빈민가인 '코뮤나 13Comuna 13'의 이동권을 개선해주었어요. 자주적 힘을 기르기 위한 교육도 강화했습니다. 학교와 도서관 등을 통하여 아이들의 교육을 강화하고, 공동체 교육을 통하여 주민 참여를 시도했어요. 커뮤니티 공간을 만들기도 했습니다. 공원, 광장 등 공공 공간을 쾌적하게 꾸미고, 위생 폐기물 처리와 관리에 노력을 기울였어요. 주민도 전문가도 정부도 슬럼 탈출을 위한 거버넌스를 만들고, 다각도로 노력하고 있습니다. 희망을 봅니다. 슬럼도 사람의 삶터입니다.

슬럼, 부끄러움
그리고 차가운 이성

왜 세계적으로 유명한 도시 어디에나 이런 슬럼이 존재하는 걸까요? 마크 데이비스 같은 슬럼학자는 슬럼이 "자본의 꿈이 그린 그늘"이라고 말합니다. 함께 돈을 벌자는 꿈을 꿨고, 함께 돈도 벌었는데, 번 돈을 나누지 않았답니다. 번화가를 자본가가 갖고 빈민에게는 슬럼을 나눠줬다는 얘기죠. 자본가의 생각은 다릅니다. 돈을 끌어다 공장이나 번화가를 만들고, 빈민에게 일자리나 먹을 것을 주었다고 합니다. 기회를 주었는데 노력이나 능력이 부족하거나 중요하지 않은 일을 했기 때문에 많은 임금을 줄 수 없었다고 합니다. 공권력은 빈민이 불법으로 슬럼가를 점유하고 있다고 생각합니다. 낮에 빌딩이 아름다운 도시, 밤에 불빛이 아름다운 슬럼, 조화로울 것 같지만 이들의 동거는 불편하고 복잡합니다.

그래서 슬럼을 해결하거나 개선하는 것이 어렵습니다. 1971년 '광주대단지 폭동 사건'이 일어났습니다. 서울 무허가 판자촌을 지금의 성남인 광주대단지로 이주시키고, 그곳에 공장과 일자리를 제공하고 편익 시설을 지어 싼값으로 불하하겠다고 서울시는 약속했죠. 그러나 허허벌판, 그 와중에 투기로 가격은 폭등하고, 교통 문제 해결을 위한 투자 약속은 온데간데없자, 분노한 시민은 공권력을 제압하고 폭동을 일으켰습니다.

1980년대에는 올림픽 유치가 확정되면서 도시 미화 운동이 펼쳐졌습니다. 보기 싫은 달동네를 철거하겠다는 생각이었죠. 이에 저항하는 '상계동 올림픽'이 일어났습니다. 상계동 주민의 주거권 투쟁을 이주 용역 깡패, 그리고 공권력이 강경 진압했습니다.

2009년 '용산4구역 강제 철거 현장 화제 사건'이 일어났습니다. 도시 빈민은 강제 철거·강제 이주에 항거했고, 이 과정에서 화재로 7명이 사망하고 24명이 부상을 입는 참사가 벌어졌습니다. 오늘도 옳고 그름의 줄을 타며 이러한 일들이 계속되고 있습니다.

재개발은 도시 빈민에게 좋은 집을 주고 도시를 아름답게 하겠다는 꿈에서 시작합니다. 도시는 슬럼가나 무허가 판자촌을 부끄러워합니다. 그래서 도시 번화가에서 빼내고 싶어 하죠. 성공한 장남이 자신을 위하여 희생한 가족을 부끄럽게 생각하는 꼴입니다. 재개발은 슬럼을 무허가 점유로 인식합니다. 강제 철거와 강제 이주가 시작되고, 용역 깡패가 등장하며, 입주권을 노린 투기꾼도 등장합니다. 재개발은 슬럼의 빈민과 상의하지 않습니다. 명령합니다. 공권력은 말을 듣지 않으면 강제로 집행합니다. 자본은 번화가 옆에 있는 슬럼을 밀어내고 빌딩을 지으면 더 많은 돈을 벌 수 있다고 생각합니다. 빈민은 슬럼을 삶터이자 일터라고 생각합니다. 슬럼에서는 갈등이 일어나고 폭동이 일어나며 사람이 죽습니다. 모두의 꿈은 서로의 이익으로 갈등합니다.

재개발 과정에서 슬럼에 살던 빈민은 집 대신 아파트 입주권 딱지를 투기꾼에게 전매하고 또 다른 슬럼가로 옮겨 갑니다. 아파트가 싫어서가 아니라 아파트로 이주할 돈이 없어서지요. 이주를 한다 해도 관리비를 낼 돈이 없습니다. 그림의 떡이지요. 슬럼의 거주자는 항거합니다. 갈등이 일어납니다. 그 과정에서 다윗과 골리앗의 싸움이 벌어집니다. 슬럼가의 거주자가 일방적으로 당하는 싸움이죠. 그렇게 밀려난 또 다른 슬럼가에서 서울 도심의 일자리까지 가려면 새벽녘에 첫차를 타야 하고 교통비도 많이 듭니다. 재개발로 생활은 더 어렵고 몸은 더욱더 힘들어집니다.

재개발의 민낯은 소설 「난장이가 쏘아올린 작은 공」(이하 「난쏘공」, 이성과힘)에서 적나라하게 묘사됩니다. 이 작품은 1975년 조세희 작가가 쓴 재개발과 슬럼으로 인식된 달동네 철거에 얽힌 슬픈 이야기입니다. 당시 대학생들은 「난쏘공」을 고통 속에서 읽고 세상이 잘못되었다는 충격에 빠졌습니다. 그래서 읽으면 안 되는 책이었죠.

작품은 이렇게 시작합니다. "천국에 사는 사람들은 지옥을 생각할 필요가 없다. 그러나 우리 다섯 식구는 지옥에 살면서 천국을 생각했다. 단 하루도 천국을 생각해보지 않은 날이 없다. 하루하루의 생활이 지겨웠기 때문이다. 우리의 생활은 전쟁과 같았다. 우리는 그 전쟁에서 날마다 지기만 했다." 주머니에 넣을 게 없어 옷에는 호주머니가 없고, 아이는 부모가 걱정할까 봐 아파도 소리 내어 울지 못합니다. 명희는 영수의 손가락을 하나하나 집어가며 먹고 싶은 것이 "사이다, 포도, 라면, 빵, 사과, 계란, 고기, 김"이라고 빈곤을 말합니다. 그렇게 연애를 합니다.

난장이 아빠 김불이와 엄마 그리고 영수, 영호, 영희네 가족은 낙원구 행복동에 삽니다. 난장이 가족은 판잣집에서도 화목했습니다. 재개발 철거 계고장이 날아들면서 이 가족은 삶터를 잃고 풍비박산납니다. 용역 깡패에 의한 강제 철거와 강제 이주, 세상에 대한 저항과 희망을 잃은 공장 노동자의 무거운 나날들, 입주권을 빼앗아 간 투기꾼, 17세 영희는 그에게 몸을 팔아 딱지를 되찾아 오지만, 이미 굴뚝에서 자살하고 만 난장이 아빠의 작은 꿈은 공허하게 날아갑니다.

그렇게 가족의 삶터, 슬럼가는 없어지고, 달에 가려는 난장이의 꿈은 사라집니다. 난장이 가족은 꿈의 '낙원구 행복동'이 아니라 '지옥구 고통동'에 살았습니다. 다섯 식구가 희망으로 지은 싯가 130만 원짜리의 판잣집은 25만 원에 투기꾼에게 넘어가고, 이 중에서 15만 원은 전세금으로 돌려줍니다. 난장이는 130만 원짜리 집에서 10만 원을 받고 쫓겨납니다. 투기꾼은 25만 원에 딱지를 사서 45만 원에 팝니다. 영희는 말문이 막힙니다. 재개발은 그렇게 경제적으로나 사회적으로 가족을 파괴하고, 빈민을 내쫓아 더 어렵게 합니다. 그럼 누가 이익을 보았을까요? 당초 재개발의 목적은 슬럼가 빈민의 거주권 보호가 아니라 자본의 이익으로 보입니다. 누구를 위한 공권력일까요?

우리는 같은 꿈을 꾸었는데 서로 다른 곳인 슬럼가와 번화가에서 살아요. 어른은 그렇다 쳐도 아이들을 생각하면 가슴이 아픕니다. 어디서부터 잘못된 걸까요? 슬럼가는 그들이 게을러서 생긴 걸까요, 어쩔 수 없는 자본의 그늘일까요? 이는 분배 없이는 풀 수 없는 필연적인 문제일까요? 오늘도 그들은 새벽녘 전철에 몸을 싣고 멀고 먼 도심으로 갑니다. 우리는 대학교 다닐 때 몰래 숨어 「난장이가 쏘아올린 작은 공」을 읽었습니다. 다른 세상이 있음에 숨죽여 끙끙댔습니다. 우리의 아이들은 또 다른 「난쏘공」인 『상계동 아이들』(노경실 , 사계절출판사)을 읽고 있습니다. 우리 손주들은 또 다른 「난쏘공」, 또 다른 『상계동 아이들』을 읽지 않아도 되었으면 좋겠습니다. 가능할까요?

10장

공간 공학:

꿈과 현실의 간극을
좁히는 과학기술

내 집 마련을 위한
과학기술

우리는 집을 갖고 싶어 하죠. 이러한 대중의 꿈에 르 코르뷔지에는 굵직한 작품으로 대답합니다. 그래서 유네스코가 지정하는 문화유산 목록에 작품을 올릴 수 있었던 거 같습니다. 하나는 '빌라 사보아 Villa Savoye'이고, 다른 하나는 '유니테 다비타시옹'입니다. 빌라 사보아는 1931년 프랑스 파리 근교인 푸아시Poissy에 지어진 사보아 부부의 저택입니다. 흰색 집이 시원해 보입니다. 이 집은 현대 건축의 다섯 가지 특징을 보여주며 집의 혁명을 일으켰다고 평가됩니다. 기둥인 필로티(①)가 건물을 떠받치고 있고, 긴 띠 모양의 예쁜 창(②)이 눈에 들어옵니다. 기둥으로 하중을 지지하면서 아름다운 입면 Facade(③)이나 평면(④)을 자유롭게 만들 수 있었죠. 옥상정원(⑤)도 있어요.

빌라 사보아는 기존 건물과 달리 '돔이노Dom-ino' 구조 위에 지어집니다. 돔이노는 '집'이라는 의미의 '도무스Domus'에 '혁신'을 뜻하

빌라 사보아, 현대 건축의 5원칙

는 '이노베이션Innovation'이 합쳐진 용어죠. 빌라 사보아를 디자인한 르 코르뷔지에의 생각입니다. 철근콘크리트 기둥이 하중을 떠받치고, 계단으로 이동하는 현대식 건물 시스템의 출발점입니다. 철근콘크리트 재료의 변화를 건축에 응용한 혁신 상품입니다. 지금은 당연해 보이는 기둥이지만 당시로서는 충격이었습니다.

이를 통해 사람들은 원하는 공간을 보다 많이, 더 아름답게 만들 수 있게 되었습니다. 중세까지는 레고처럼 벽돌을 쌓아서 건물을 만들었기 때문에 높이 올리는 것에 한계가 있었고, 입면이나 평면의 구성이 자유롭지 못했습니다. 필요한 공간을 자유자재로 공급할 수 없었던 거죠. 그래서 빌라 사보아는 집에 혁명을 일으켰다고 평가됩니다. 돔이노 구조라는 과학기술은 대중의 '내 집 마련'이라는 꿈을 이루는 토대가 되었습니다.

공간 포드주의의
과학기술

주거 공간에 혁신을 일으킨 공간 과학기술이 적용된 또 다른 집이 있습니다. 유니테 다비타시옹입니다. 그냥 '유옹'이라고 부를게요. 유옹은 1952년 프랑스 마르세유에 지어진 콘크리트 건물로 현대 아파트의 원조이며 주상 복합 건물의 조상입니다. 제2차 세계대전 후 마르세유에서는 빨리 그리고 많은 주택을 지어야 했습니다. 르 코르뷔지에는 '큰 단위의 주거 건물'이란 뜻의 주상 복합 아파트 유니테 다비타시옹을 디자인합니다. 시대의 요구에 부응하며 일종의 공동체 주거 실험과 대량 주거 공급을 시도합니다. 주거의 대량생산 대량소비 시대를 열었던 '건축의 포드주의'라 일컬어지는 역사적인 사건이죠.

걸어서 유옹에 다가가면 빨강, 파랑, 노랑이 회색 시멘트와 다채롭게 어우러져 산뜻해 보여요. 우리네 아파트와 달리 12층 건물인데도 높아 보입니다. 지면으로부터 건물을 들어 올린 34개의 필로

유니테 다비타시옹 외관

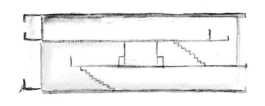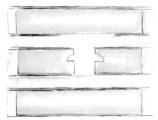

◀ 유니테 다비타시옹 단면도　▶ 평면도

티 때문일까요? 육중한 시멘트 덩어리로 된 필로티는 멀리서 보면 짧은 다리처럼 보여요. 그런데 다가가면 7미터는 족히 되어 보이고, 그 아래에 서면 작렬하는 태양을 피할 수 있어 시원한 지중해 바람이 느껴집니다. 지면을 자연에 돌려주려는 르 코르뷔지에의 건축적 지향점을 볼 수 있습니다.

　그런데 입면이 좀 이상합니다. 전면이나 측면에서 보는 파사드가 획일적이지 않아 좀 헷갈리기도 하고, 층 간격도 우리네 아파트와는 달라 보입니다. 12층이라는데 층을 세기도 어려워요. 다양한 평면 유형과 복층 구조 때문입니다. 유옹은 1인용에서 6인용에 이르기까지 23개 가구의 평면 유형을 만들었습니다. 1,660명 337세대가 들어갈 수 있게 복층 설계를 합니다. '듀플렉스Duplex'라고 하죠. 천장이 넓어 개방감을 주는 형태입니다. 두 가구가 'ㄱ' 자나 'ㄴ' 자로 합쳐져 'ㅁ' 자 단면을 만듭니다. 세 개의 층마다 복도를 두어 위아래로 접근이 가능하죠. 천재적인 공간 구성입니다. 기발한 아이디어에 공

▲ 유니테 다비타시옹 1층 현관
▼ 유니테 다비타시옹 벽에 그려진 모뒬로르

간 절약 기술이 돋보입니다. 돔이노 구조에 따라 입면과 평면을 자유자재로 구사합니다. 역시 주거의 대량생산 대량소비의 토대는 돔이노 구조입니다.

유옹은 주거 시설뿐만 아니라 편익 시설과 상업 시설을 아파트 안에 두어 수직 커뮤니티를 만드는 실험을 합니다. 주상 복합의 원조라고 할 수 있죠. 호텔 라운지에서 식사를 하며 지중해를 보고, 발코니에서는 바람을 맞으며 커피를 즐깁니다. 호텔에 묵어보시기 바랍니다. 어두운 복도에서 바라보는 지중해는 남다릅니다. 어두운 복도의 단점이 장점으로 승화하는 순간이기도 하죠. 옥상정원에는 수영장이 있고 지중해가 보입니다. 그런데 키가 작은 사람들은 볼 수가 없어요. 키가 큰 서양인에 맞춘 모뒬로르가 적용되었기 때문인 것 같아요. 183센티미터 키에 맞춰 옥상 담장의 높이를 정했어요. 당시에는 획기적인 아이디어였어요. 그렇지만 여타 혁신이 초기에 환대받지 못했듯이, 유옹 또한 문화성 없는 공동 주택이라는 비난을 받기도 하고, 초기엔 미분양으로도 고생했답니다.

한국에서는 '아파트', 미국에서는 '콘도' 또는 '콘도미니엄', 영국에서는 '플랫', 일본에서는 '맨션'이라 불리는 아파트는 로마시대 때부터 있었습니다. '인술라'라는 집합 주택이죠. 엘리베이터가 없어서 2층이 로얄층이었고, 화장실 대신 요강을 이용했답니다. 네로 황제 때 로마 대화재가 나서 7층 이상으로는 지을 수 없는 건축법이 만들어졌죠. 현대식은 프랑스 파리에 지어진 5~6층 아파트로 1층은

유니테 다비타시옹 복도 내부

상가가 있었고, 2층은 로얄층으로 부자가 살았으며, 3층은 중산층,
지붕 아래는 저소득층이 살았습니다. 지금의 '펜트하우스'에 저소득
층이 산 거죠. 당시에는 엘리베이터가 없어 오르내리기도 어렵고 위
층에 가구가 없어 더위와 추위에 취약했기 때문입니다.

　'사막의 맨해튼'이라 불리는 예멘의 시밤shibam도 세계 문화유산
으로 지정된 아파트로 유명합니다. 구소련 등 사회주의 국가에서도
많이 볼 수 있는 주거 유형입니다. 한국에서는 '마포아파트'가 시초
로, 처음에는 연탄가스에 중독된다는 소문 때문에 대거 미분양되어
책임자가 실험 거주를 하는 해프닝도 있었죠. 그러나 시간이 지나면
서 프리미엄 주택으로 변했습니다. 초기에는 밖에 있던 부엌을 안으

로 들인 것이 편해서 환대를 받기도 했고, 화장실을 방 안에 두어 께름칙해하기도 했던 혁신적인 공간입니다.

휴먼 스케일의
따뜻한 과학기술

공간을 만들 때 가장 중요한 것은 사람에 맞추는 기술입니다. 평안 감사도 싫으면 그만이듯, 건축도 사용자에게 맞지 않으면 그만이죠. 한국에 처음으로 주방 가구가 들어왔을 때, 주부들은 까치발을 하고 부엌일을 해야 했어요. 부엌 가구의 대부분이 서양 사람들의 신체 치수에 맞추어졌기 때문이었죠. 변기도 의자도 책상도 모두 그랬습니다. 무엇이든 사람에 맞추어야 하는데 공간은 더욱 그렇습니다. 사람에게 잘 맞추면 작은 공간도 크게 느껴집니다. 공간 기술의 최고봉은 역시 공간 크기를 정하는 기술입니다. 르 코르뷔지에가 고안한 '모뒬로르'는 작은 공간을 크게 이용할 수 있는 비법입니다.

모뒬로르는 사람에게 맞는 휴먼 스케일의 공간 건축 기술이죠. 모뒬로르를 앞서 말한 오두막집 카바농에 적용해서 공간을 넓게 사용할 수 있었는데, 유니테 다비타시옹에 가면 르 코르뷔지에의 모뒬로르 그림을 볼 수 있어요. '빌라 슈타인Villa Stein'도 대표 사례입니다.

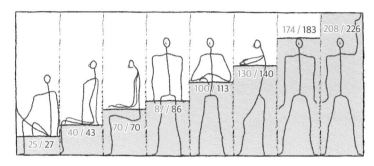

모뒬로르(빨간 숫자는 르 코르뷔지에가 제시한 치수, 파란 숫자는 한국인의 평균 치수)

르 코르뷔지에가 이 기술을 들고 나온 것은 표준화 때문이죠. 주택이 대량생산되려면 표준화가 필요했고, 이 표준화를 통하여 모듈러 주택 또는 조립 주택 대중화의 길을 열었습니다. 처음에는 모뒬로르의 표준 신장을 175센티미터로 했고, 유옹에 가서야 183센티미터로 했습니다. '버전 2'인 셈이죠. 대중의 내 집 마련이라는 꿈을 실현시키는 기술임과 동시에 새로운 건축산업의 일대 변혁을 가져온 공간 과학기술이었습니다.

도시에도 휴먼 스케일을 적용한 사례가 있습니다. 자연발생적으로 형성된 도시를 보면 원형으로 중심에서 보도 10분 정도 거리에 취락이 형성되어 있어요. 도시의 끝에서 끝까지의 거리가 보도로 20분 정도인 거죠. 이를 이론화한 것이 페리의 '근린주구 이론'입니다. 도시에 휴먼 스케일을 적용했다고나 할까요. 초등학교를 기준으로 반경 400미터짜리 근린주구를 만듭니다. 고대 동양의 정전법을 떠올려 보면, 동서양이 어쩜 이리 비슷한지 놀랍습니다. 정전법도 가로 400미터, 세로 400미터짜리 동네를 기본으로 가구를 구성하죠. 400미터는 걸어서 10분 거리입니다. 세상은 변해도 호모사피엔스의 보폭은 변하지 않았습니다. 놀라운 발견입니다. 공간을 공부하는 학생들은 도시 모뒬로르를 만드는 데 도전해보는 것도 좋을 것 같습니다.

페리는 근린주구 이론에서 주거 단지를 만드는 여섯 가지 기본 원칙을 제시합니다. 첫째, 하나의 초등학교를 기준으로 하는 생활권 단위를 설정하였는데, 이에 필요한 인구는 5,000명이고, 반경은 4분의 1마일 또는 400미터입니다. 둘째, 주구의 경계는 통과교통(기점이나 종점이 하나도 없이 통과하기만 하는 지역이나 도로의 교통)이 내부를 관통하지 않고 우회하기 쉽게 충분한 넓이의 간선도로로 합니다. 셋째, 주민의 욕구를 충족시킬 수 있도록 소공원과 위락공원을 전체의 10퍼센트로 계획합니다. 넷째, 학교나 공공시설은 근린주구 중심부나 공공 광장에 적절히 통합시킵니다. 다섯째, 주민에게 적절히 서비스할 수 있도록 1~2개소 이상의 상업 시설을 교통의 결절점이나 인접 근린주구와 가까운 곳에 배치합니다. 여섯째, 단지 내 순환교통이 전체적으로 원활하도록 쿨데삭, 루프형 도로로 구성합니다. 근린주구 이론의 적용 사례로는 라이트와 스타인이 계획한

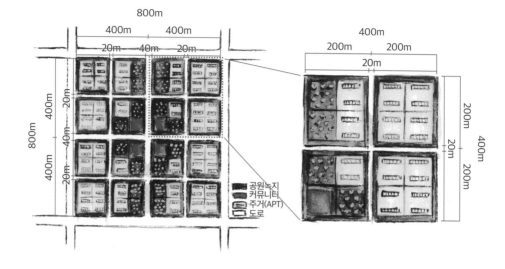

'레드번Radburn'을 들 수 있습니다. 전체 400헥타르(4제곱킬로미터, 약 121만 평)의 토지에 계획인구는 2만 명으로 하고, 대규모 주택단지는 10~20헥타르(10만~20만 제곱미터, 약 30,250~36,300평) 크기의 대가구 슈퍼블록으로 구성하였습니다.

페리의 근린주구 이론은 영국의 밀턴킨스Milton Keynes로 이어집니다. 2차원 동네 만들기 교본이 3차원으로 진화한 겁니다. 런던으로부터 약 72킬로미터의 거리에 위치한 밀턴킨스는 총면적 8,870헥타르(약 26,831,750평), 계획인구는 20만 명으로 계획되었어요. 도시의 형태는 불규칙한 정사각형이며, 간선도로망은 사방 약 1킬로미터의 격자형으로 구성되었고, 각 블록에서 반경 500미터 이내에 초등학교를 설치하여 학생들이 도보로 이용할 수 있도록 구획하였습니다. 100~120헥타르(1~1.2제곱킬로미터, 약 302,500~363,000평) 크기의 근린주구에는 5,000명을 위한 주거지역이 있고, 지구 중심에는 차와 보행을 분리시킨 입체 교차로가 있습니다. 도시 중심지에는 국철을 중심으로 상업지역을 계획하여 시설의 효율성을 증대하였습니다. 중심에 위치한 커뮤니티 센터는 모든 주택으로부터 반경 500미터 내에 배치되었으며, 소외 지역이 발생하지 않도록 중첩 권역으로 계획하였습니다. 모든 자동차도로는 원형교차로Round About로 계획하여 차량이 교차로에서 둥근 녹지대를 따라 방향을 전환할 수 있게 해 신호등과 횡단보도 없이도 자연스럽게 차량을 유도하였습니다. 이 도시는 지구 전체를 순환하는 보행자 전용도로인 '레드웨이Redways'가 설치되었고, 기본적으로 보차 분리를 계획하였습니다.

하늘을 오르려는
욕망의 과학기술

없지만 갖고 싶은 공간에 대한 욕망은 어떻게 해결할까요? 하늘을 오르려는 바벨탑의 욕망은 현대에도 이어집니다. 미어터지는 맨해튼에 대한 수요를 뉴욕은 이렇게 해결했죠. 생각은 간단했죠. 1층이나 2층으로 짓던 건물을 100층, 200층으로 올리는 겁니다. '엠파이어 스테이트 빌딩', '제너럴 일렉트릭 빌딩', '클라이슬러 빌딩'과 같은 초고층 빌딩을 지었습니다. 대나무처럼 쭉쭉 뻗은 폼이 남다릅니다. 이와 함께 공중 공간을 만들려는 생각이 실현되기까지는 엘리베이터 기술, 철근콘크리트 구조 기술, 내진설계 기술 등 여러 과학기술의 역할이 컸습니다. 초고층 빌딩 숲은 그렇게 창조되었습니다. 욕망은 창조의 아버지이며, 과학기술은 창조의 어머니인 것 같습니다.

엘리베이터는 초고층 빌딩 건설에 결정적인 역할을 했습니다. 지금은 어디서나 볼 수 있는 엘리베이터는 1854년 엘리샤 오티스Elisha Otis가 뉴욕 박람회에서 최초로 공개했으며, 1857년 뉴욕 브로드웨이 헤이워드 백화점 건물에 최초로 건설되었죠. 그리고 1931년 엠파이어 스테이트 빌딩이 102층으로 건설되는 데 결정적인 역할을 합니다. 엘리베이터는 그리스 아르키메데스의 도르래에서 시작됐고, 로마 콜로세움에서 투사나 동물을 실어 날랐어요. 산업혁명기에 전기를 사용하여 엘리베이터의 용량을 늘리고, 오티스가 톱니를 이용하여 추락 위험 문제를 해결하면서 사람 수송에 성공했습니다. 위아래로만 이동하는 엘리베이터가 미래에는 상하좌우 자유자재로 이동하며 공중 공간을 더 효율적으로 연결하지는 않을까요.

없지만 갖고 싶은 공간에 대한 욕망은 과학기술이 1퍼센트만 부족해도 실현되지 못합니다. 엘리베이터만으로는 초고층 건물이 될 수 없었죠. 초고층에 적합한 골조를 만들어야 했어요. 당시 건축 재료인 콘크리트는 초고층 건물에 적합하지 않았습니다. 뚱뚱한 콘크리트 건물은 높이 올라갈수록 하중이 커지기 때문이죠. 이때 철강왕 앤드루 카네기Andrew Carnegie가 등장합니다. 철골이나 콘크리트에 철근을 넣어 기둥을 만들고, 유리 같은 것으로 커튼을 치는 '커튼월Curtain Wall 공법'이 가능해진 겁니다. 여기에 지진이나 바람을 견딜 수 있도록 내진설계와 같은 정성을 기울입니다. '라스트 원 마일Last One Mile', 바둑의 '끝내기'처럼 온갖 정성이 들어간 100퍼센트의 과학기술만이 욕망을 실현할 수 있었습니다. 성서의 바벨탑이 무너진 것은 사회·윤리적으로 하늘에 이르려는 인간의 욕망을 신이 벌한 것이라고 해석할 수도 있지만, 건축 과학기술이 부족해서 그런 것은 아니었을까요.

'타이베이 101' 건물은 내진설계가 적용되었습니다. 이 건물에는 황금빛 공처럼 생긴 추가 매달려 있습니다. 지름이 5.5미터이고, 무게가 무려 660톤이랍니다. 2.5센티미터 강철 원반 41장을 붙여서 만들었답니다. 전문용어로는 '댐퍼TMD, Tuned Mass Damper'라고 합니다. 지진이 발생했을 때 건물에서 발생하는 진동을 흡수하여 건물 대신에 이 추가 움직입니다. 추가 건물의 안전을 책임집니다. 그러나 하늘을 오르려 했던 바빌론의 붕괴처럼 과학기술이 영원한 안전을 보장할 수 있을지는 미지수입니다.

공간 공유를 향한
미래의 과학기술

어느 날 건축을 전공하는 학생이 물었습니다. "건축이 너무 좋은데, 매일 밤을 새워야 하고, '월화수목금금금' 일하는 것에 비하면 월급도 만족스럽지 못합니다. 건축 예술의 리더처럼 보였던 멋진 선배는 일과 가난에 지쳐 결국 꿈을 포기했어요. 어떻게 할까 고민하다가 돈을 벌어 좋아하는 건축을 계속하려고 마음먹었습니다. 건축은 취미처럼 하고, 돈은 에어비앤비로 벌려고 합니다. 어떻게 생각하세요?" 몇 년 전 '에어비앤비Airbnb'가 막 소개되던 때의 이야기입니다. 물론 긍정적으로 답을 주었죠. 세월은 변해가는데, 정체된 건축가의 사고는 늘 안타까웠기에 더욱 그랬습니다. 새로운 기술을 건축에 응용하려는 시도가 반가웠습니다. 청년 건축가가 건축의 새로운 길을 모색하려는 게 기특했습니다.

에어비앤비는 인터넷에 마련된 가상 호텔 프론트죠. '에어Air'는 공중에 떠 있는 '가상'이란 뜻이고, '비앤비bnb'는 '베드Bed 앤And 브

렉퍼스트Breakfast'의 약자입니다. 호텔을 한 채도 소유하지 않은 사업자가 호텔을 운영하는 '봉이 김선달'식의 사업 아이템인 셈인데, 공간을 원하는 사람에게 공급자가 공간을 연결해주어 회전율을 높이고 수익을 극대화하는 건축 서비스 사업입니다. 건축 상품 유통에 관심을 기울여 건축 영역을 확장하려는 시도로 볼 수 있습니다. 플랫폼Platform이라는 정보통신 기술을 건축에 도입하려는 새로운 공간 공유 건축입니다. 문제를 해결하는 사고와 건축가의 상상력과 기술 이해력이 융합된 접근이라 할 수 있죠.

이 학생이 실제로 에어비앤비를 이용했느냐고요? 예, 시도했고 돈도 많이 벌고 있답니다. 건축도 하고 있고요. 이들은 먼저 위치를 고민했습니다. 홍대 근처에 자리를 잡았다는군요. 숙박을 원하는 사람들은 대부분 외국인인데, 이들이 공항에 내려 가장 먼저 가고 싶어 하는 곳이 홍대라는 거죠. 수요자 타깃 설정이 우수합니다. 홍대

역 주변에 2층 건물을 빌려서 인테리어를 해 통째로 에어비앤비에 내놓았답니다. 친구들과 여럿이 숙박할 수 있는 두세 칸짜리 방 수요가 많은데, 대부분의 에어비앤비 상품은 원룸 기준이라 공급은 안되고 있었다네요. 상품 구성력도 뛰어났습니다. 여기에 건축하는 친구들끼리 공간을 직접 디자인하고 공사를 해서 비용을 많이 아꼈답니다. 사진을 잘 찍어 에어비앤비 사이트에 홍보한 건 기본이고요. 장사가 잘 되어 이제는 집을 더 늘려 사업을 하고 있답니다.

지금은 반 정도밖에 사용되지 않는 공간 점유율을 높이기 위한 공간 공유는 정보통신 기술을 바탕으로 한 플랫폼 기술이 필요합니다. 공간 유동화 기술입니다. 앞으로는 본격적인 건축 기술인 공간 변환 기술도 필요합니다. 낮에는 음식점이던 공간이 밤에는 술집으로 변신한다거나, 낮에는 비어 있는 아파트 주차장을 오피스 주차장으로 공유하는 식으로요. 실제로 공실률이 높은 오피스를 단기 수요자에게 임대해주는 '위워크WeWork' 같은 사업체도 나타났습니다. 공유 오피스죠. 작은 크기의 방을 낮에는 책상이 있는 오피스로 사용하고, 밤에는 책상이 없어지는 대신 침대가 나오는 침실로 만드는 기술도 등장할 겁니다. 태양 에너지를 찾아 움직이는 '키네틱 건축Kinetic Architecture'도 상용화될 거고요. 이것은 공간 유연화 기술입니다.

이제는 블록체인Block Chain 기술에 의해 공간을 시간, 분, 초 단위로 임대할 수 있을 거라고 합니다. 공간 유동화가 본격화되는 거죠.

공간의 용도가 시시각각 변화하게 될 것입니다. 더불어 '공간 프로슈머Prosumer'의 시대가 열리고 있습니다. 공간의 생산자가 공간의 소비자가 되고, 공간의 소비자가 공간의 생산자가 되는 시대입니다. 원하는 대로 디자인하고 3D 프린팅으로 직접 설계하고 만드는 시대가 올 것입니다. 이렇게 되면 공간을 잘 다루는 사람의 시대가 열릴 것입니다. 공간의 생산, 운영, 관리에 이르는 공간 신기술이 공간 마련의 꿈을 실현할 것입니다. 기술의 이해와 창조적 응용이 중요하죠.

지금은 '유튜브' 등 플랫폼의 시대지만, 앞으로는 블록체인의 시대가 될 것이라고 합니다. 에어비앤비 그리고 위워크 등 플랫폼 사업자가 없어지고, 실제 소유자가 물물 거래를 할 수 있는 다품종 소량 직접 거래 방식입니다. 르 코르뷔지에가 공간의 대량생산과 대량소비의 공간 포드주의 시대를 열었다면, 미래에는 공간의 다품종 소량생산, 맞춤형 소비의 시대가 열릴 것입니다. 우리 중 누군가가 이 시대를 열 주인공이 될 것입니다. 이 책을 읽고 계신 여러분이 그 시대를 열 창조가가 되면 더욱 좋겠습니다.

공간의 진화,
과학기술의 발달과 융합

기원전 2560년 이집트의 피라미드 높이 147미터, 기원후 2009년
두바이의 부르즈 할리파Burj Khalifa 높이 162층 828미터. 건축물의 높
이에서 공간의 진화를 봅니다. 4,500여 년 동안 5.6배 높아졌습니
다. 벽에는 아치형 지지구조 즉, 플라잉 버트레스를 활용해 고딕 양
식의 건물이 높아졌고, 여기에 하중을 떠받치는 철골철근콘크리트
재료 기술이 더해져 마천루가 탄생했습니다. 건물의 높이가 하늘을
찌르게 된 데에는 도르래에서 기중기를 거쳐 엘리베이터로 발전한
수직 이동 기술이 가장 큰 영향을 미쳤습니다.

부르즈 할리파는 너무 높아서 수직 각도를 유지하는 게 또 다른
난제였습니다. 인공위성을 세 대나 띄우며 실현한 GPS 기술이 한몫
했죠. 지상에서 1도가 기울어지면, 최상층에서는 14미터가 기울어
집니다. 잘못하면 바닥 수평도 기울어집니다. 현대판 '피사의 사탑'
이 되는 거죠. 삼성물산은 세 대의 인공위성을 이용해 5밀리미터 오

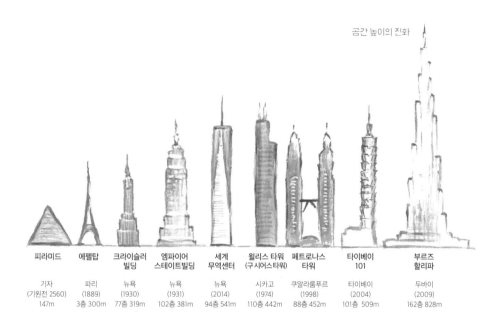

공간 높이의 진화

피라미드	에펠탑	크라이슬러 빌딩	엠파이어 스테이트빌딩	세계 무역센터	윌리스 타워 (구 시어스타워)	페트로나스 타워	타이베이 101	부르즈 할리파
기자 (기원전 2560)	파리 (1889)	뉴욕 (1930)	뉴욕 (1931)	뉴욕 (2014)	시카고 (1974)	쿠알라룸푸르 (1998)	타이베이 (2004)	두바이 (2009)
147m	3층 300m	77층 319m	102층 381m	94층 541m	110층 442m	88층 452m	101층 509m	162층 828m

차 범위 내에서 3일 1층 시공 기술로 부르즈 할리파의 골조를 세웠습니다. 마천루에는 내진(기둥이나 벽 보강), 제진(기둥 등 접합부에 고무나 스프링 설치, 지진 에너지 흡수), 면진(건물과 지면 사이 베어링 설치, 지진 에너지 흡수) 구조로 지진에 대응하는 기술이 적용되었습니다.

공간의 진화는 부피에서도 느껴집니다. 피라미드의 부피는 260만 세제곱미터지만 실제 사용 가능한 총면적은 매우 작습니다. 고딕 양식의 플라잉 버트레스, 아치와 볼트 그리고 돔은 공간의 높이와 부

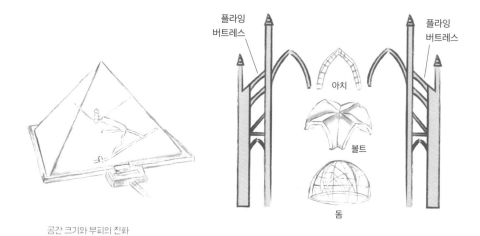

플라잉
버트레스

플라잉
버트레스

아치

볼트

돔

공간 크기와 부피의 진화

◀ 아치와 플라잉 버트레스가 만든 고딕 성당인 이탈리아 밀라노 성당
▶ 아치와 플라잉 버트레스가 만든 고딕 성당의 내부

피를 키웠습니다. 부르즈 할리파는 부피도 엄청나며, 동시에 사용 가능한 총면적이 50만 제곱미터나 됩니다. 활동을 담는 그릇으로서의 공간은 무궁무진하게 커지고 있습니다. 특히 내부 공간은 재료와 구조 기술의 발전에 힘입어 많이 커졌습니다. 아치가 나타나고 볼트로, 돔으로 발전했습니다. 그리고 기둥으로 자유로운 내부 공간이 생겼습니다.

미래의 공간은 더 높아질 것이며, 더 넓어지고, 더 많이, 더 자주 사용될 겁니다. 지상뿐만 아니라 지하에서도 공중에서도 공간은 이용되고, 건물을 이동시키기도 할 겁니다. 자동차가 이동 수단뿐만 아니라 이동 일터이자 주거지가 될 겁니다. 거기에 필요한 기술이 융합될 겁니다.

11장

공간 디자인학:

같은 생각 다른 표현,
공간 디자인 코드

다양하게 표현되는
공간 디자인 코드

생각은 무엇으로든 표현됩니다. 꼭 표현해야 하는 건 아니지만 어떻게든 드러나기 마련이죠. 일반적으로 말이나 글로 표현되지만, 그림이나 행동으로 표현되기도 합니다. '드러남'이라는 관점에서 보면 공간만큼 종합적으로 표현된 것도 없습니다. 예쁜 집, 아름다운 마을, 공장 굴뚝의 연기, 마천루의 도시 등 모양도 표현도 다릅니다. 민족마다 다르고 지역마다 다르며 시대별로 다릅니다.

공간 설계사들은 계획하려는 공간 터의 맥락을 잡고, 자기의 생각과 철학에 따라 주제를 설정합니다. 그리고 주제에 따라 디자인 코드를 만들기도 하는데요. 같은 공간에서 다른 느낌이 드는 것도 이 '공간 디자인 코드' 때문입니다. 같은 사람이 옷을 어떻게 입느냐에 따라, 또는 같은 옷을 누가 입느냐에 따라 느낌이 다르게 연출되는 '드레스 코드' 같은 거죠. 똑같은 터를 주고 집을 지으라고 하면 백이면 백 모두 다른 집이 탄생합니다.

공간 디자인 코드는 자기의 경험이나 환경, 느낌에 따라 다르게 표현됩니다. 예쁜 집을 그려 보라고 하면, 어떤 이는 한옥을 그릴 테고, 어떤 이는 아파트를 그릴 겁니다. 알프스에 있는 파크베어크하우스를 그릴 수도 있습니다. 공간 디자인 코드는 생각하고, 표현하고, 다시 생각하며 만들어집니다.

이 장에서는 신을 숭배하지 않았던 건축가가 그린 교회의 공간 디자인 코드를 소개합니다. 인간에 대한 신의 사랑, 순례자의 노곤함을 위로하는 디자인 코드를 교회 곳곳에서 볼 수 있습니다. 순례자의 교회, 롱샹 교회입니다. 더불어 국가 균형 발전에 대한 우리의 꿈을 그린 행복도시와 그 도시에 지어진 첫 마을의 디자인 코드도 살펴봅니다. 생각이 어떻게 공간 디자인 코드로 나타나는지를 볼 수 있습니다. 또한 다섯 곳의 유명 설계사가 같은 터에 다른 공간 디자인 코드를 표현한 용산 역세권의 작품도 감상해봅니다. 미완으로 끝났지만 같은 터 다른 느낌을 볼 수 있습니다. 훈데르트바서의 공간 디자인 코드도 살펴봅니다. 어느 하나 같은 것이 없죠. 이것이 바로 공간 디자인 코드입니다.

롱샹 교회의 디자인 코드,
너희를 쉬게 하리라

빛의 교회, 롱샹Ronchamp. 조개껍데기 모양을 한 두 쪽의 육중한 콘크리트 지붕. 이를 떠받치는 크고 작은 창이 있는 뚱뚱하고 하얀 벽. 둔탁한 모양의 하얀 탑. 롱샹 교회의 외관입니다. 교회 안은 성스럽습니다. 다양한 모양과 크기의 창은 빛을 조절합니다. 천장과 벽 사이에서 나오는 빛은 지붕을 붕 띄우는 듯합니다. 롱샹은 직선을 선호했던 르 코르뷔지에의 작품답지 않게 곡선형 디자인이에요. 직선 없는 파격입니다. 유럽의 교회 양식인 고딕 디자인 코드를 따르지 않아서 여기가 유럽이 맞나 싶을 정도로 현대적인 교회입니다. 뚱뚱한 모양을 한 로마네스크 양식 같기도 해요.

순례자의 교회, 롱샹은 스위스 베른에서 스트라스부르로 가는 길에 왼쪽으로 살짝 빠져나오면 들를 수 있습니다. 오랫동안 순례자들이 찾아온 전통의 교회지요. 당초 르 코르뷔지에는 이 교회의 설계 요청에 응하지 않았다고 해요. 신자가 아니었기 때문이죠. 그러나

▲ 롱샹 교회
◀ 롱샹 교회 디자인 코드, 오리배 또는 여객선
▶ 롱샹 교회 디자인 코드, 어린이를 감싼 어머니, 열린 손, 키다리 아저씨

신부님의 간곡한 요청으로 응했대요. 르 코르뷔지에는 이 교회를 세우면서 침묵의 장소, 평화의 장소, 기도의 장소, 내적 기쁨의 장소를 만들고자 했습니다. 그래서인지 롱샹은 이런 요소들이 디자인으로 잘 표현된 것 같습니다.

롱샹은 각도에 따라 다양한 디자인 코드를 보여줍니다. 순례자의 교회답게 순례자가 타고 오는 배 같기도 하고, 물 위에서 한가로이 여유를 즐기는 작은 배 같기도 합니다. 순례자가 기도하는 손 혹은 구원의 손처럼 보이기도 합니다. 작은 창의 큰 탑은 키다리 아저씨 같은 넉넉함인 듯, 인자하신 예수님의 미소인 듯합니다. 멀리서 보면 어린아이를 감싸 안은 어머니의 모습도 보입니다. 아기 예수를 보듬은 성모마리아일까요? "지치고 힘들고 병든 자들아, 내게로 오라. 너희를 쉬게 하리라"라고 하시는 예수님을 연상시킵니다. 롱샹을 대표하는 사진을 보면 수녀님의 뒷모습이 보인답니다. 그런데 제가 보기에는 살짝 말려 올라간 구운 오징어 머리 같습니다.

행복도시의 디자인 코드, 투링·그린하트

국가 균형 발전의 아이콘, 행복도시. 이 도시의 철학은 '균형 발전'과 '탈중심 평등 도시'입니다. 공간 디자인 코드는 '투링Two Ring'과 자연을 품은 '그린하트Green Heart'로 국제 현상 공모를 통하여 확정되었습니다. 이 도시는 중앙부에 그린 오픈스페이스를 배치하고, 환상형 도로망인 투링을 따라 기능을 분산 배치한 '환상형 도시 공간 구조'입니다. 모든 지역에서 접근이 공평한 공간 구조로 녹색과 균형의 철학을 담은 공간 디자인 코드입니다.

모든 지역이 30분 내에 접근 가능하도록 20킬로미터 내외에 도로를 배치하였는데, 이를 '투링'이라 합니다. 안쪽 링은 버스 전용 도로BRT, Bus Rapid Transit고, 바깥 링은 자동차 도로입니다. 주거·상업·업무 공간은 이 투링을 따라 배치되었어요. 버스 정류장에는 생활 편의 시설을 배치하여 동네의 중심을 만들었습니다. 어디에 살든지 BRT를 타고 30분 내에 중심지로 접근할 수 있는 평등한 교통망인 거죠.

　행복도시의 첫 마을은 상징적인 주택단지입니다. 첫 마을은 대지의 생김 그대로의 장점을 이용해서 만들었습니다. 이전처럼 어디서나 볼 수 있는 격자형의 마을 만들기를 거부했습니다. 수도권 집중과 같은 기존의 방식을 탈피하고, 국가 균형 발전이라는 새로운 시도를 웅변하는 듯합니다. 있는 그대로의 자연, 생긴 그대로의 대지를 존중했습니다. 획일적인 줄 세우기 철학에서 나아가 다양성의 철학을 대변하는 듯합니다. 중앙 자연 중심으로 '놀잇길Playing Platform', '생활길Living Platform' 등을 연계시킨 바람개비 마을을 디자인 코드로 삼았습니다. 마을이 예쁜 손을 닮았습니다.

주거
공원 녹지
상업
산업
공공 기반 시설(도로 등)
기타

(자료: 행정중심복합도시건설청,
2006_행정중심복합도시 건설사업계획)

800m
400m 400m
20m 40m 20m
800m
400m
400m
20m
40m
20m

공원 녹지
커뮤니티
주거(APT)
도로

400m
200m 200m
20m
200m
20m
400m
200m

행복도시의 디자인 코드

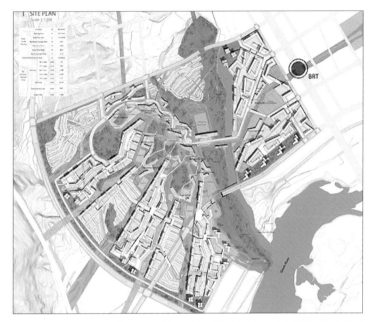

행복도시 첫 마을 계획(자료: 행정복합도시건설청, 2007, 「행복도시 세종」)

같은 터,
다른 느낌

2007년, 약 31조 원짜리 용산 역세권 개발 프로젝트가 시작됩니다. 한강에 접한 철도역을 용산국제업무복합도시YIBD, Yongsan International Business District로 개발하는 프로젝트입니다. '에스오엠SOM, Skidmore, Owings & Merrill LLP', '저드The Jerde Partnership', '다니엘 리베스킨트Studio Danel Libeskind', '포스터앤드파트너스Forster+Parners', '아심토트Asymptote Architecture' 등 다섯 개 설계사가 초청되었습니다. 용산역에 각기 다른 국제 비즈니스 벨트를 설계했죠. 어떻게 이렇게 다를까요? 다섯 개의 국제 저명 설계사는 예상처럼 각기 다른 느낌의 역작을 제시합니다. 기차를 타고 한강대교를 건너 용산역에 도착하면, 또는 서울역에서 용산역 쪽으로 접근하면 이 작품들을 보게 됩니다. 하나하나 천천히 감상해보시지요.

    에스오엠은 지속 가능한 도시를 디자인 코드로 삼았습니다. 대지를 건물 반 자연 반으로 조성하고, 태양과 풍력이 에너지를 생산하는

에스오엠이 제안한 용산 역세권 계획(안)
(자료: 용산역세권개발(주), 2010, YONSAN)

저드가 제안한 용산 역세권 계획(안)
(자료: 용산역세권개발(주), 2010, YONSAN)

안정적인 삼각형 모양의 랜드마크 타워를 만듭니다. 자연 존중을 과 감하게 보여줍니다. 에너지를 소비만 하던 건물이 에너지를 생산합 니다.

저드는 자연과 어우러짐을 철학으로 삼고, 랜드마크 타워는 한강 에 핀 연꽃을 디자인 코드로 삼았습니다. 물과 자연을 따라 걷는 '리 버워크River Walk'와 '커널워크Canal Walk'를 제안합니다. 과감하게 한강 을 대지로 끌어들이는 '워터프론트Waterfront' 개발을 제시합니다. 연 꽃의 랜드마크 타워를 중심에 두고 건물들이 감싸는 방식으로 배치 되었습니다.

다니엘 리베스킨트는 우리의 '아키펠라고Archipelago'(다도해)에서 영감을 얻었답니다. 다도해에 세운 금관. 다도해의 대지에 섬을 만

275

다니엘 리베스킨트가 제안한 용산 역세권 계획(안)
(자료: 용산역세권개발(주), 2010, YONSAN)

포스터앤드파트너스가 제안한 용산 역세권 계획(안)
(자료: 용산역세권개발(주), 2010, YONSAN)

들고, 금관 같은 건물을 세운 디자인 코드입니다. 자연에서 랜드마크 타워로 이어지는 집중성이 돋보입니다. 랜드마크 타워 앞에 있는 공간이 안뜰 마당처럼 친근해 보여요.

　포스터앤드파트너스의 디자인 코드는 '힐릭시아Helixia'입니다. 용산이 우주처럼 무한하게 세계로 뻗어 나가는 나선형 삼태극을 모티브로 삼았어요. 삼태극 한국이 세계로, 우주로 뻗어 나가는 디자인이라고나 할까요. 랜드마크 타워는 한국의 크고 작은 산들을 모형화했는데요. 지붕을 타고 내리는 녹지가 인상적입니다. 특히나 건물의 벽은 더 이상 비를 피하는 장소가 아닙니다. 오픈 공간에 연출하는 문화 캔버스입니다.

　아심토트는 한국의 다이나믹한 기氣가 살아 움직이는 입체 도시를 디자인 코드로 사용했습니다. 한글의 붓놀이에서 영감을 얻은 랜드마크 타워에 인간 중심 최첨단 도시화의 기가 엮이며 승천합니다. 자동차와 사람의 길을 분리하고 남산과 한강의 조망이 용이하도록

아심토트가 제안한 용산 역세권 계획(안)

(자료: 용산역세권개발(주), 2010, YONSAN)

타워형 건물을 배치했습니다.

세계 거장들이 만드는 창조적인 공간 디자인 코드가 다채롭습니다. 같은 터 다른 느낌, 디자인 코드의 위력을 봅니다. 어느 작품이 마음에 드세요? 제가 보기에 답은 없는 것 같습니다. 좋아하는 공간, 디자인 코드는 다 다를 수밖에 없죠. 그러니 다른 게 답입니다. 모두 다른 게 자연스럽습니다.

훈데르트바서,
공간 디자인 코드의 비밀

예술의 도시 비엔나. 모차르트, 베토벤, 슈베르트, 요한 슈트라우스
의 선율을 타고 클림트의 작품 〈키스〉가 있는 오스트리아의 비엔나
로 갑니다. 비엔나에는 비엔나커피가 없습니다. 일본에서 비엔나의
커피를 본뜬 거라고 합니다. 비엔나의 커피는 '아인슈페너Einspanner'
입니다. '한 마리의 말이 끄는 마차'란 뜻이죠. 마부도 한 손에는 채
찍을 다른 한 손에는 거품 커피를 들고 마차를 운전했는데, 흔들리
지 않게 거품 커피를 즐겼다는 데서 유래했다죠. 어른 아이 할 거 없
는 비엔나 시민 모두의 커피 사랑을 의미하네요.

여기서는 비엔나의 화가이며 건축가인 훈데르트바서Hudertwasser
를 통하여 공간 디자인의 비밀을 얘기하려 합니다. 어느 햇살 좋은
오전, 오스트리아 비엔나를 걷다가 깜짝 놀랄 만한 집을 보았습니
다. 직감적으로 집이라기보다는 예술 작품이라고 느꼈어요. 그도 그
럴 것이 알록달록한 색채가 예사롭지 않아 동화에나 나올 법한 곳이

었습니다. 푸른 나무를 배경 삼아 담쟁이넝쿨이 집을 감싸고, 창가에 놓인 다양한 모양의 화분이 주는 색감도 잘 어울립니다. 이제껏 어디에서도 보지 못했던 집이라 횡재한 기분마저 들었습니다. '훈데르트바서 하우스Hudertwasser House'입니다.

훈데르트바서 하우스의 디자인은 볼 만합니다. 계단식 옥상정원과 카페가 있고 어린이 놀이터도 있죠. 기능적으로도 훌륭합니다. 계단도 복도도 직선이 아닌 곡선으로 되어 있습니다. 독특합니다. 다양한 모양의 개성 있는 오케스트라 같습니다. 창문은 같은 게 없고, 양쪽 필로티로 지지된 아치가 시선을 안으로 이끌며 부드럽게 주민들을 반겨줍니다. 바닥, 계단, 지붕 어디에도 같은 모양은 없습니다. 멋있습니다. 다양한 색의 타일이나 시멘트가 벽을 차지하고 있습니다. 색채의 마술사다운 디자인입니다.

훈데르트바서 하우스의 고급스러운 디자인은 부자들이 사는 고

훈데르트바서 하우스

급 주택이라는 생각이 들게 합니다. 그러나 이곳은 서민이 사는 시영 아파트로 임대 아파트랍니다. 놀랍습니다. 게다가 리모델링된 재생 아파트입니다. 연속해서 놀랍습니다. 어떻게 건물을 이렇게 재생할 생각을 했을까요? 모양이나 색, 외관도 멋있지만, 서민을 위한 공공 정책 디자인은 고급스럽습니다. 돈이 아닌 마음이 들어간 '진짜'로 디자인된 고급 주택이라 할 만합니다. 이 대목에서 오스트리아의 남다른 품격이 느껴집니다.

훈데르트바서, 그의 긴 이름 프리덴스라이히 레겐타크 둥켈분트 훈데르트바서Friedensreich Regentag Dunkelbunt Hudertwasser에서 그의 인생을 봅니다. 사연이 있습니다. 그는 어릴 적 이름 '슈토바서Stowasser'를 훈데르트바서로 바꾸었어요. 훈데르트바서는 영어로 'Hundred Water', 우리말로는 '백수百水'죠. 작품에 "百水"라고 적힌 도장이 찍혀 있는데, 아내가 일본 사람이어서 그랬던 거 같아요. 문화의 융합을 봅니다. 'HuWa'나 세 개의 물결선 사인도 있습니다.

'프리덴스라이히'는 '평화로운'이란 뜻인데요. 그는 평생 평화를 갈망했습니다. 그는 유대인이었고, 어릴 적 나치가 외할머니를 잔혹하게 살해하던 광경은 평생 트라우마였습니다. 꽃과 풀 그리고 자연은 어릴 적 그의 친구였고 위안이었습니다. 프리덴스라이히 훈데르트바서는 평생 자연을 숭배하고 사회운동가로서 평화를 위해 싸웠습니다.

▲ 슈피텔라우 쓰레기 소각장
▼ 블루마우 온천마을

'레겐타크 둥켈분트'는 '비 오는 날'과 '화려한 검정'이란 뜻입니다. 훈데르트바서는 비 오는 날을 무척 좋아했어요. 비 오는 날의 수채화처럼 깨끗하고 청명한 자연 그대로의 색감을 선호했죠. 비 오는 날 주변의 색을 자세히 들여다보세요. 선명하게 보일 겁니다. 그의 그림에서는 빗방울이나 물방울도 보입니다. 화려한 검정은 색채의 마술사다운 그의 화풍을 말해줍니다. 검은색과 알록달록한 색채가 대비되어 화려한 색감을 연출하는 거죠. 그의 그림 속 검정 박스에는 다양한 색채가 담겨 있습니다.

뜻하지 않았던 훈데르트바서 하우스의 감동을 마음에 담고 푸른 도나우강으로 발길을 옮기다가 비슷한 건물을 보았습니다. 알록달록한 건물에 남산타워 같은 탑이 우뚝 솟아 있습니다. 테마파크 같기도 해요. 직감적으로 훈데르트바서의 작품임을 알았습니다. '슈피텔라우 쓰레기 소각장Müllverbrennungsanlage Spittelau'입니다. 혐오 시설이라고 믿을 수 없는 건물입니다. 요한 슈트라우스의 명곡 〈아름답고 푸른 도나우강〉 옆에 자리하고 있어서일까요? 이 건물은 혐오스럽던 소각장을 리모델링한 작품입니다. 첨단 기술로 유해가스를 제거하고, 비엔나 시민의 난방을 책임지는 역할을 하고 있지요. 도시 안에 이런 혐오 건물을 보기 좋게 만들어 관광객을 불러 모으고 있습니다. 일본 오사카에 있는 유니버설 스튜디오로 착각한다는 '마이시마 소각장'도 슈피텔라우 소각장을 본떠 디자인되었습니다.

훈데르트바서에게는 '건축 치료사'라는 다소 생소한 별칭이 따라다닙니다. '늙고 병든 건물을 치료하는 사람'이란 뜻이죠. 훈데르트바서 하우스가 그랬고, 슈피텔라우 소각장이 그랬습니다. 〈반지의 제왕〉에 나오는 호빗마을의 원형이 되었던 '블루마우 온천마을'도 훈데르트바서가 재생한 공간입니다. '눈구멍집Eye-Slit House', '숲의 마당집Forest-Courtyard House', '롤링힐Rolling-Hills', '움직이는 언덕집Shifted-Hills House'도 디자인했습니다. 여기에도 네모난 건물은 없습니다. 언덕으로 된 지붕과 아기자기한 창문, 강렬하며 다양한 색감은 훈데르트바서의 디자인입니다.

훈데르트바서 하우스에는 공간 디자인의 비밀이 있습니다. 이름에서 눈치채셨겠지만 그는 자연주의자죠. 훈데르트바서 하우스는 자연과 잘 어우러져 있어요. 인간은 자연에 잠시 들른 손님이니까 당연히 건물의 주인은 자연이죠. 집을 지을 때 꽃과 풀 그리고 나무에게서 빼앗은 공간을 자연에 돌려주어야 한다는 겁니다. 나무가 공기를 주고 그늘을 주며, 우리는 그곳에 세 들어 사는 거죠. '나무세입자권'을 주장합니다.

인간의 선은 직선, 자연의 선은 곡선이라고 믿습니다. 그의 작품에는 직선이 없습니다. 네모도 없습니다. 계단도 곡선이어서 아이들의 놀이터가 됩니다. 자연의 순환을 닮은 역동적인 나무 나이테 같은 나선을 특별히 좋아합니다. 자연과의 소통, 결합, 조화, 순환, 관용, 재생, 환원을 골자로 하는 '자연과의 평화조약'을 맺기도 합니다. 이쯤 되면 거의 자연 숭배자죠.

개성 있는 창은 '창문권'에서 나옵니다. 거주자의 팔이 닿는 곳에 창문을 만들고 창문으로 몸을 내밀어 자신을 드러낼 권리를 주장합니다. 사람도 자연의 하나라는 거죠. 낮에는 창을 통해 자유로운 인간이 있음을 알리고, 밤에는 다양한 불빛을 내보냅니다. 이 창문권은 일명 '스킨Skin론'과 관계가 있습니다. 우리가 첫 번째 피부를 돌보고, 두 번째 피부인 옷을 차려입듯, 세 번째 피부인 창문과 벽을 가꾸어야 한다는 거죠.

네 번째 피부는 사회이고, 다섯 번째 피부는 지구입니다. 훈데르트바서는 사회운동을 통하여 환경보호 투쟁을 하며, 네 번째와 다섯 번째 피부를 가꿉니다. "우리가 혼자서 꿈을 꾸면 그것은 꿈에 그치지만, 모두가 함께 꿈을 꾸면 그것은 새로운 세상의 시작이 된다." 그는 꿈꿀 권리를 주장하고, 꿈을 실천합니다.

공간 디자인 코드는 작은 소품에서 건물 그리고 도시에 이르기까지 다양합니다. 프랑스 콜마르의 프티 베니스는 애니메이션 〈하울의 움직이는 성〉의 배경이 되었죠. 거꾸로 현실이 공간 디자인 코드가 되었습니다. 훈데르트바서의 어린 시절 기억은 철학을 낳고, 철학은 그림과 건물로 디자인됩니다. 행복도시에서 균형을 보고, 첫마을에서 자연스러움을 봅니다. 디자인 코드에서 철학을 봅니다. 에

11장 공간 디자인학

스오엠, 저드, 다니엘 리베스킨트, 포스터앤드파트너스, 아심토트는 다양한 디자인 코드를 연출합니다.

시인 윤동주의 〈서시〉는 아름답고 서정적입니다. 윤동주는 조국의 아픔에 총칼로 저항하지 못한 자신을 부끄러워하며, 시로써 일제에 저항했습니다. 윤동주가 총칼로 일제에 저항했다면 우리는 〈서시〉를 읽지 못했을지도 모릅니다. 윤동주는 시인이 어울립니다. 공간 디자인 코드는 현실, 철학, 자유로움에서 나옵니다. 생긴 그대로를 존중하는 것은 중요합니다. 공간 디자인의 원천은 다양함입니다. 공간 디자인의 비밀은 독특한 저마다의 아이덴티티를 존중하는 것입니다. 훈데르트바서의 어릴 적 아픔과 성장 과정은 공간 디자인 코드의 정체성을 만들었습니다.

12장

공간 미래학:

모호한 미래, 가보지 않은 길

미래의
도시

미래의 도시에서는 일하는 방식, 생활하는 방식, 돈 버는 방식이 다릅니다. 삶의 방식이 완전히 달라져요. 필요에 따라 이곳저곳에 접속하며 일을 합니다. '긱 이코노미Gig Economy'가 일반화됩니다. '긱Gig'은 즉석에서 공연자를 섭외하여 재즈 공연을 한 데서 유래한 용어인데요. 그때그때 요구에 따라 임시로 일하는 것을 의미합니다. 긱 이코노미에서는 수요자와 공급자의 합의에 따라, 순간순간 필요에 따라 일을 하고 서비스를 공급합니다. 월급을 주고받는 대신에 건당 돈을 받지요. 지금은 '비정규직'이라고 부르지만, '프리랜서'가 더 적합해 보여요. 미래 도시에는 긱 이코노미에 참여하는 노동자가 점점 많아질 거예요.

'카카오택시', '에어비앤비', '우버Uber'도 긱 이코노미에 해당해요. 이런 노동 환경이 만들어지려면 수요자와 공급자를 연결해주는 가상 장터가 필요한데, 이것을 플랫폼이라고 합니다. 그래서 미래

경제는 '플랫폼 경제'라고 하죠. '업워크Upwork' 플랫폼은 다양한 프리랜서가 등록되어 있는 가상의 인력시장입니다. 단순 인력시장에서 고품질 지식 인력시장으로 변화하고 있어요. 자기만의 재능이 중요한 시대로 가고 있습니다. 플랫폼은 계속 진화할 것입니다.

직업도 변하고 있어요. 1997년 IMF 외환위기를 기점으로 '평생 직장'은 없어졌고, '평생 직업'의 시대가 됐죠. 그러나 '평생 직업'의 시대도 저물어가고 '순간 직업'의 시대가 도래하고 있습니다. 현재 직업의 반은 20년 내에 없어질 거라고 하죠. '원잡One Job'에서 '투잡Two Job'으로, 앞으로는 'N잡러N Jober'가 나타날 거라고 합니다. 지금은 비정규직으로 비하되는 '파트타이머Part Timer'가 미래 도시에서는 돈을 많이 버는 프리랜서로 변할 겁니다. '한 우물을 파라'는 말은 옛날 얘기가 될 거예요. 다재다능한 사람이 부자가 될 가능성이 크죠. '봉이 김선달의 시대'가 열릴 겁니다.

산업의 경계도 모호해집니다. 자동차산업이 기계산업에서 컴퓨터산업으로 변해갑니다. 구글이 자율주행 자동차를 만듭니다. 호텔 건물 하나 없는 에어비앤비가 호텔 체인 회사가 됩니다. 차가 한 대도 없는 우버가 운수업을 하죠. 이들 산업의 주가는 하늘을 치솟고 있습니다. 미래에 성장할 산업으로 평가된 거죠. 철기에서 첨단 신소재로 소재 혁명이 일어나고, 바이오산업으로 100세 넘게 살 수 있습니다. 산업이 융합되고 정보와 지식이 가치를 만듭니다. 앨빈 토플러가 말하는 제3의 물결이 일고, 4차 산업혁명의 시대로 가고 있습니다.

인공지능AI, Artificial Intelligence이 생활에 혁신을 몰고 옵니다. AI가 병을 진단하고 변호사 역할을 하며 범죄를 예방합니다. 자율주행 자동차가 노인이나 어린이 대신 운전하고, 인공지능 로봇이 가사 노동을 대체합니다. 사물이 지능을 갖게 되어 건물의 온도와 습도를 자동 조절하고 화재를 진압하며 지진을 감지합니다. 누구나 언제 어디서나 원하는 서비스를 얻을 수 있습니다. 필요에 따라 자유롭게 거래하고, 지폐 없는 생활이 이루어집니다. 블록체인의 시대를 예고하고 있습니다. 유발 하라리는 인간Homo이 신Deus이 될 거라고 예측합니다. 신인류 '호모데우스'가 나타납니다. 생각하는 대로 이루어집니다. 꿈과 현실의 격차를 줄여갑니다.

미래의 도시는 형태적 변화도 예상됩니다. 사람들이 도시를 선호하면서 고층 건물이 만드는 수직 도시가 일반화됩니다. 땅의 지평이 공중권, 지상권, 지하권으로 확대됩니다. 지하 교통과 공중 교통도 활성화됩니다. 기차와 드론이 물류를 수송합니다. 고층 건물 중간중간에 공원이 만들어지고 보행로도 만들어집니다. 옥상공원은 물론이고 수직 농장과 수직 공장도 건설됩니다. 도시 인구가 증가하고 건물의 밀도가 높아지며 '노보권'으로 자족적인 생활 블록이 형성됩니다.

역사가 발전하면서 건물이 차지하는 땅도 넓어졌고 높이도 높아졌습니다. 전문용어로 '건폐율이 커졌다'고 표현합니다. 내부 공간이 넓어졌고 점유 공간도 넓어졌습니다. '용적률이 커졌다'고도 말하죠. 기원전 건물 피라미드는 컸어요. 그러나 내부 이용 공간은 작았죠.

토지 이용은 용도가 복합화되고, 이용이 공유화되며, 공간이 유동화됩니다. 롯폰기힐스처럼 한 공간에 다양한 용도가 배치되고, 위워크처럼 한 사람이 쓰던 공간은 다양한 사람이 시간 단위로 이용합니다. 공간이 시시각각으로 변하고, 사물에는 다양한 형태의 장치가 붙어 지능화됩니다. 농업화 시대의 수로와 댐에서 공업화 시대의 항구와 도로로 변한 기반 시설이 미래에는 서비스를 전달하는 정보통신망과 센서 네트워크Sensor Network로 변할 겁니다.

미래 도시의 형태는 기능을 따르지 않을 것 같아요. 집이라고 해서 박공지붕이 있어야 하고, 공장이라고 해서 굴뚝이 있을 필요가 없습니다. 벽에서 밤에는 침대가 나오고, 낮에는 테이블이 나와요. 공간의 사용률·점유율이 높아집니다. 공간의 역사는 점유율 확대의 역사로 가고 있어요. 자동차에는 운전자가 없으며, 노인과 아이를 목적지까지 무사히 데려다줍니다. 1980년대에는 도시 곳곳에 전기계량기나 화재감지기 같은 장치가 평균 30여 개였는데, 2010년대에는 CCTV, 센서, 와이파이 등 평균 300여 개의 장치가 설치되어 있습니다. 로봇은 공장에서 상품을 생산하기도 하고, 집에서 가사일을 돕기도 합니다.

미래 도시의 모델로 '스마트시티Smart City'가 이야기됩니다. 시멘트에 철근을 비벼서 만들던 건물에, 정보통신망을 깔고 지식과 콘텐츠를 넣어서 건설합니다. 영화 〈아바타〉는 3D 영화관에서 봐야 실감이 나죠. 2D 영화관에서는 감흥이 떨어져요. 이게 스마트시티의 영화관입니다. 이런 기능이 탑재되려면 'STIM 아키텍쳐'가 필요해요. 서비스(S), 정보통신 기술(T), 인프라(I), 운영 관리 시스템(M)이 집약된 통합운영센터죠. 그래서 미래 도시는 STIM의 집적지, 즉 대도시에서 번영할 가능성이 큽니다.

미래 도시는 STIM에 따라 이름이 바뀌었습니다. 1978년 마틴 도지Martin Dodge의 '버추얼 시티Virtual City', 1987년 햅워스Hepworth의 '인포메이션 시티Information City', 1987년 더턴Dutton 등의 '와이어드 시티Wired City', 1989년 나이트Knight의 '지식기반 도시Knowledge

공간을 말하다

Based City', 1991년 파시Fathy의 '텔레 시티Telecity', 1992년 라테레시 Latterasse의 '인텔리전트 시티Intelligent City', 1993년 배튼Batten의 '네트워크 시티Network City', 1994년 본 슈베르Won Schuber의 '사이버 빌 Cyber ville', 1995년 미첼Mitchell의 '비트 도시City of Bit', 1996년 마크 와이저Mark Weiser의 '유비쿼터스 컴퓨팅Ubiquitous Computing', 2003년 한국의 '유비쿼터스 시티Ubiquitous City'로 이어졌죠. 앞으로도 미래 도시의 다른 이름이 나올 수 있겠지만, 'STIM'이라는 특징과 속성은 달라지지 않을 것 같아요.

스마트시티는 기능이나 가치 면에서 이전 도시보다 좋아요. 진화되었습니다. 깨끗한 공기, 맑은 물, 밝은 햇빛을 향해 '에코 지능Eco Intelligence'이 작동합니다. 시설은 지능이 있어서 안전하고, 현실과 가상을 이어주는 '디지털트윈Digital Twin'으로 관리됩니다. 저비용 고효율 운영 시스템이죠. 시민이 주도하는 민주주의를 지원하고, 시민과 사물인터넷IoT이 만드는 빅데이터의 도시로 발전하고 있습니다. 스마트시티는 경제적으로는 저비용 고효율의 가치를, 사회적으로는 민주주의의 가치를 제공합니다. 개인 맞춤형 도시, 내 손 안의 도시, '마이 시티My City'로 나아갑니다.

스마트워크 시스템을 통하여 재택근무가 이루어지고, 통근 통행에 소요되는 시간이 줄어드는 저비용의 도시를 체감합니다. 태양광을 통하여 집이 에너지를 생산하고 거래하는 친환경의 도시가 만들어집니다. 자동차를 함께 이용하고 주차장도 함께 사용하는 고효율의 공유 도시가 되고 있습니다. 시민이 불안한 곳을 제보하면 안전 조치가 즉시 이루어지고, 시민이 예산의 수립과 집행을 주도합니다. 시민의 의견이 시정에 반영되는 직접민주주의의 도시입니다. 시민의 꿈과 정책의 간극이 줄어듭니다.

국토 공간도 스마트시티와 스마트시티가 연결된 '스마트 리전 Smart Region'으로 똑똑해집니다. 인구가 줄어들면서 농촌과 중소도시의 인구는 대도시로 이동합니다. 공간에 '선택과 집중'이 나타납니다. 대도시는 서비스 공급이 유리하고 관리가 효율적이기 때문이죠. 대도시는 '단핵 공간'에서 '다핵 공간'으로 재편되고 기능도 고도화됩니다. 대도시 헤드쿼터, 지방 분공장 생산이라는 분업 체제가 무너지고, 자족 공간 체계로 변합니다. 세계 기능의 허브, 광역권의 허브, 자연의 허브로 고도화됩니다.

스마트시티도 제대로 구축되지 않은 상태에서 스마트시티끼리 연결된 스마트 리전을 구축하는 것이 필요할까요? 스마트 리전 구축은 현재 당면하고 있는 인구 감소 문제를 해결하는 측면에서 절실합니다. 세계는 '저출생 고령화'라는 인구 감소와 축소 도시의 시대가 예고되고 있습니다. 중소도시의 80퍼센트 이상이 없어질 거라는 우울한 예측도 있어요.

인구가 줄면서 중소도시의 서비스 공급 비용은 증가하고, 궁극적으로 중소도시의 서비스가 축소됨과 동시에 중소도시의 인구는 대도시로 이동한다는 시나리오입니다. 중소도시는 소멸할 것이라는 거죠. 이 시나리오는 이미 현실화되고 있습니다. 만약에 대도시의 의료, 보건, 교육 등의 서비스를 중소도시에서도 공유할 수 있다면, 중소도시의 인구는 생활 비용과 혼잡 비용이 많이 드는 대도시로 이동하지 않을 테죠. 잘만 하면 대도시에서 번잡하지 않은 중소도시로 인구가 이동할 수도 있죠. 이게 스마트 리전의 필요성입니다.

그렇다면 스마트 리전 구축은 가능할까요? 문제는 서비스 공급 비용입니다. 산업혁명기의 서비스 공급 비용은 거리에 비례하고, 서비스 수준은 거리에 반비례하는 패턴을 보입니다. 서울에서 멀어질수록 서비스 수준은 떨어지고, 서비스 공급 비용은 증가하죠. 그러나 스마트시티에서는 서비스를 공급하는 데 드는 비용이 거리에 비례하지 않습니다.

기반 시설을 구축하는 고정비용은 거리에 비례하지만, 서비스를 관리 운영하는 비용은 거리에 비례하지 않습니다. 스마트시티에서는 서비스의 거리에 따른 운영 비용이 제로에 가깝죠. 따라서 스마트시티의 서비스를 중소도시의 스마트시티에 연결한다면, 적은 공급 비용으로 양질의 서비스를 중소도시에 제공할 수 있는 거죠. 중소도시의 서비스 수준은 대도시와 비슷해질 것이고, 격차의 해소가 가능합니다. 서비스를 공급하기 위한 기반 시설의 기술적 호환성을 유지하기 위해서도 스마트시티를 만드는 단계에서 스마트 리전 구축이 고려되어야 합니다.

도시의
미래

도시의 미래는 사람으로부터 시작됩니다. 인권 존중 차원에서 하는 얘기가 아닙니다. 미래의 자원은 사람입니다. 상상과 창조가 도시의 미래로 가는 '퍼스트 원 마일First One Mile'입니다. 사람, 개인, 특히 개인의 재능과 자원이 순간순간 거래되고 활용됩니다. 다품종 소량생산의 맞춤형 세상이 미래의 도시입니다. 개인의 요구는 다양하고, 그래서 개인 맞춤이 가능해지려면 수천수만 가지를 서로 공급해야 하죠. 이는 대량 공급 업체가 할 수 없어요. 수지가 맞지 않죠. 직접 만들어 쓰거나 많은 사람이 조금씩 만들 수밖에 없어요. 많은 개인이 참여하는 소품종 소량생산을 말합니다. 업체가 대량 공급하는 19세기 산업도시와 판이하게 다르죠. 영화 〈모던 타임스〉에 나오는 노동자 찰리 채플린은 기계의 보조자였죠. 표준화된 컨베이어에 서서 들어오는 제품을 계속 조립만 합니다. 단순 작업이고, 기계와 별반 다르지 않았습니다.

미래는 똑같은 걸 많이 빨리 만드는 산업화 사회가 아닙니다. 각자가 다양하고 개성 강한 제품을 만들 겁니다. 그러니 기계를 다루기 위해 표준화된 지식을 체득한 사람이 더 이상 필요하지 않습니다. 똑같은 걸 사람이 반복해서 만들 필요가 없어요. 그건 로봇이 할 겁니다. 창조적인 생각을 하는 사람이 필요합니다. 어떻게 변할지 모르는 미래에 지혜는 필수입니다.

그래서 사람, 개인의 자유와 능력을 극대화하는 것이 미래 도시의 선善입니다. 미래 도시의 시대정신이죠. 이제는 대大를 위해 소小를 희생하고, 다수를 위해 소수가 양보하는 시대에 물음표를 던집니다. 장남이 집안을 책임지는 시대는 저물고 있는 거죠. 개성 있는 사람, 개인이 중요합니다. 다양성이 핵심입니다. 지식을 전수하던 학교의 소임도 변하고 있습니다. 프로젝트를 통하여 '문제 해결형' 인재를 키웁니다. 프로그래밍으로 '메이커스Makers'를 양성하고, 창의

적이고 다재다능한 인재 양성을 목표로 삼기 시작했습니다. 24시간 365일, 열린 교육의 장을 만들고 있습니다. '에꼴42Ecole42' 같은 학교 없는 학교가 작동하기 시작했습니다.

도시의 미래는 창조 도시에서 만들어집니다. 진화가 쉬운 여건을 갖춘 도시가 창조 도시입니다. '3T'가 있는 도시죠. '기술Technology'이 있고, '재능Talent' 있는 인재가 많으며, '관용Tolerence'이 있는 사회입니다. 이러한 리처드 플로리다Richard Florida 교수의 주장에 동의합니다. 첨단기술 산업이 있고, 문화적으로 다양성과 포용성이 있는 사회 분위기가 중요하며, 실패를 용인하는 도시의 품격은 중요합니다. 그렇기에 창조 도시의 첨단성, 다양성, 포용성, 개방성은 미래 도시를 견인하는 동력입니다.

실리콘밸리는 하이테크High Tech 지수, 보헤미안Bohemian 지수(히피 밀집도), 도가니Dogani 지수(다인종 다국적 밀집도), 게이Gay 지수(동성애자 밀집도)가 높습니다. 다인종 다국적의 미국이 번영했고, 동성애자가 많은 도시가 하이테크 도시로 성장했습니다. 이러한 도시의 번영은 역사적으로도 증명되었죠. 로마는 자신들이 정복했던 식민지의 이민족을 시민으로 받아들였고, 스파르타는 그렇게 하지 않았습니다. 스파르타는 폐쇄성과 순혈주의로 몰락의 길을 걸었고, 로마의 개방성과 포용성은 로마를 세계 제일의 제국으로 만들었습니다.

창조 도시는 제인 제이콥스Jane Jocobs에서 시작됩니다. 『미국 대

도시의 죽음과 삶』(그린비)에서 획일적이고 표준화된 대도시를 비판합니다. "걷기도 재미도 없다. 자신의 자산을 최대한 활용해야 도시가 번영한다"고 주장합니다. 찰스 랜드리Charles Landry는 2005년 '독특한 생각과 방식으로 우리의 문명을 변화시키는 것'으로 창조성을 중시합니다. 문화의 중요성을 설파하죠. 리처드 플로리다는 '사람-창조계층Creative Class', '소규모-창조산업Creative Industries', '융합-창조경제Creative Economies'가 거대 도시를 이끌 거라고 주장합니다.

창조 도시는 다양한 모습을 합니다. 지식을 바탕으로 혁신을 지향하고, 정보통신 기술과도 결합을 시도하죠. 지식 집약적 기술 혁신과 창의적 아이디어에 기반을 둔 하이테크산업을 잉태합니다. 세계 최고의 IT 클러스터(산업집적지) 실리콘밸리와 케임브리지대학교를 중심으로 한 바이오 혁신 클러스터인 '케임브리지 테크노폴Cambridge Technopole', '시스타 사이언스 파크Kista Science Park'가 그렇게 탄생합니다. 이들 도시는 지식 정보망을 통해 새로운 지식을 만들고, 예술과 문화가 공간 안에서 복합됩니다.

'가나자와かなざわ'는 예로부터 조상들이 하던 금세공을 고급화하고, 부족한 현대 문화를 보충하기 위해 시민 예술촌을 만듭니다. 전통 공간에 찻집 거리를 만들며, '21세기 미술관'으로 미래를 연결하였습니다. 전통을 중시하고 부족한 것을 하나하나 메우고, 새 것을 만들어 전통과 미래가 어우러진 도시를 만들었죠. 세계 최초의 대학이 있는 볼로냐에는 공방 클러스터가 있습니다. 천장이 있는 보행로

포르티코Portico 지붕 아래에 서면, 공방이 만든 세계 어디에도 없는 수준 높은 디자인 제품을 만날 수 있습니다. 전통은 자부심을 만나 독특한 작품을 창조합니다.

도시의 미래는 희망과 함께 우려도 큽니다. 로봇이 인간을 지배할 거랍니다. 〈바이센테니얼맨〉(1999), 〈에이아이〉(2001), 〈마이너리티 리포트〉(2002), 〈아이, 로봇〉(2004), 〈월-E〉(2008) 등 미래를 그린 영화를 보면 그렇습니다. 희망도 보이지만 우려도 많습니다.

2009년 개봉된 영화 〈써로게이트〉를 보면 미래의 도시는 편하지만 무섭습니다. 나는 집에 있고 나의 아바타 로봇이 대신 생활해요. 예쁜 나로 변신하고 교통사고가 나도 안전해요. 로봇만 다쳐요. 도시에서는 써로게이트가 작동되는 구역과 이를 반대하는 구역이 갈등합니다. 대리 시스템 써로게이트에 에러가 나 사람이 죽어요. 죽음 뒤에는 숨겨진 진실이 있었습니다. 당초 장애인을 위해 만든 써로게이트, 생각과 달리 현실 도피의 도구로 남용되고, 이를 되돌리려는 발명자와 이를 막으려는 회사. 회사는 발명자를 죽이려 하고, 발명자는 써로게이트를 멈추려 합니다. 써로게이트가 멈추면 일시에 많은 인류가 죽습니다. 인류의 종말이 한순간 눈앞에 나타나죠. 기술 주도 미래 도시의 한계를 말합니다. 그제서야 사람들은 하나하나 소통하며 나누고 함께 균형을 잡으며 나아갑니다.

도시의 미래는 '사회적 합의'에 달려 있습니다. 미래로 가는 '라스트 원 마일'입니다. 갈등과 협상 때로는 폭동이 수반될지도 몰라요. 산업혁명기에는 기계 파괴 운동인 '러다이트Luddite 운동'이 일어났습니다. 2019년에는 타다 플랫폼이 카풀 서비스를 시도하자 택시 기사들이 생명을 걸고 파업했습니다. 혁신과 생존권이 대립합니다. 기계와 노동자의 갈등에서 플랫폼과 노동자의 갈등으로 변하고 있습니다. 미래 도시가 물리적으로 완성된다 해도 완성된 게 아니죠. 갈 길이 멀어요. 99퍼센트가 작동해도 1퍼센트가 부족하면 미래 도시는 작동하지 않습니다. 마지막 1퍼센트는 사회적 합의입니다.

사회적 합의의 핵심은 '부의 분배 시스템'입니다. 페이스북과 아마존은 시민의 정보를 기반으로 부를 창출하지만, 이에 대한 정당한 대가를 지불하지 않고 있죠. 세계 유명 출판사는 논문을 통하여 부를 창출하지만, 정작 논문을 쓴 학자에게는 정당한 대가를 지불하지 않아요. 한술 더 떠서 한국에서는 학회지에 논문을 게재하려면 게재료를 지불하기도 합니다. 도시의 미래는 모두가 함께 창출한 '부'를 어떻게 분배할 것인지가 합의되어야 합니다. 동일 노동, 동일 임금의 원칙 그리고 정직원과 프리랜서의 차별 없는 복지의 제공이 중요합니다.

새로운 산업 생태계가 만들어지면서 이득을 보는 집단과 피해를 보는 집단이 있어요. 우버는 돈을 벌고, 소비자는 저렴한 비용으로 자동차를 이용하지만, 택시 기사는 일자리를 잃습니다. 로봇이 일하면 제품 가격이 떨어져서 소비자는 좋지만, 노동자는 일자리를 잃어요. 아디다스는 스마트 팩토리 시스템을 갖추어 50만 켤레의 신발을 10명이 생산한답니다. 이전에는 600명으로 가능했던 일이죠. 로봇세를 제안하기도 하죠. 부의 집중이 예견되고, 격차는 한층 더 심화될 것으로 예측합니다. 기본 소득세나 로봇세 같은 새로운 제도가 논의됩니다. 격차 해소와 부의 분배 시스템에 대한 합의가 필요합니다. 새로운 사회 시스템에 대한 합의입니다.

도시의 미래는 상상과 창조라는 '퍼스트 원 마일'에서 시작하여, 사회적 합의라는 '라스트 원 마일'로 완성됩니다.

맺음말

열두 가지 시선으로 바라보는 공간 얘기를 마치면서 위밍업 하듯 아래와 같은 이야기로 맺음말을 대신합니다. '맺음말'에 '워밍업'이라는 용어를 쓰는 게 어폐가 있네요. 그래도 이렇게 가벼운 '맺음말'을 시작합니다.

이야기 하나. 할아버지도 그랬고, 아버지도 그랬으며, 지금의 나도 그렇지요. 만나면 "공부 잘하니?", 헤어질 땐 "공부 잘해라!" 달달 외우고 잘 정리하는 공부, 생각의 여지를 주지 않는 공부는 계속됩니다.

우리는 고민합니다. '같은 하늘 아래 같은 공기를 마시고 같은 밥을 먹는데, 다른 애는 공부를 잘 하는데 우리 애는 왜 공부를 못할까?' 그 속에서 우리는 올인 하고 경쟁하며 신음합니다. 소수의 어느 누구는 승자가 되고, 다수의 어느 누구는 패자가 됩니다.

우리는 왜 이런 공부를 계속하는 걸까요? 학교를 나와서 회사 생활을 하면서도 생각의 여지는 없고, 해야만 하는 외줄 타기는 계속됩니다. 인생의 '100미터 달리기'는 그렇게 계속됩니다. 다른 길은 없는 걸까요? 한 줄로 순위를 매기는 것은 옳지 않습니다. 한 줄로 세워놓고 1등을 얘기하는 건 옳지 않습니다. '인생은 줄'이라던데, 공간처럼 다양한 줄에 설 수는 없는 걸까요?

이야기 둘. 어느 선생님의 질문을 떠올려 봅니다. 소설집 『난장이가 쏘아올린 작은 공』의 첫 작품인 「뫼비우스의 띠」에 나오는 물음입니다. "두 아이 A, B가 굴뚝 청소를 하고 나왔어요. A는 얼굴이 깨끗했고, B는 얼굴이 까맸어요. A와 B 중에서 누가 얼굴을 씻게 될까요?" 한 학생은 이렇게 답합니다. "당연히 B죠!" B가 얼굴이 까마니까요. 제삼자적 관점입니다. 그러나 좀 더 생각해보면 답은 달라요. "A요!"라고 답할 수도 있어요. A는 B를 보고 자기 얼굴이 까맣다고 생각할 테니까요. 거꾸로 B는 A를 보고 자기 얼굴이 깨끗하다고 생각할 테지요. 개인 각자의 인지적 관점입니다.

그러나 상식적으로 생각해보면 이 질문은 성립되지 않습니다. 어떻게 굴뚝에서 청소를 했는데 얼굴이 까맣지 않겠습니까? 어느 것도 답이 아닙니다. 둘 다 깨끗하게 씻어야지요. 또는 안 씻으면 안 되나요? 다양한 답이 자연스럽고 상식에 맞습니다. 생각하기에 따라 답은 달라질 수 있습니다. 질문을 잘 이해해야 합니다. 관점은 다양할 수 있습니다.

이야기 셋. 아이는 코끼리를 다양하게 표현합니다. 코만 그리기도 하고, 꼬리로 표현하기도 합니다. 그러나 그린 모양은 달라도 코끼리는 코끼리인 겁니다. 운전을 하다 길을 잘못 들어섰다고 목적지에 도달하지 못하는 건 아니죠. 잘못 들어섰다고 비난하며 싸울까요? "모든 길은 하나로 통해 있어" 하며 천천히 웃으며 갈까요?

잘 안 되는 것도 자연스럽게 생각하는 여유를 가지면 즐거워요. 유일한 답이란 없습니다. 완전한 답도 없습니다. 불완전하고 다양한 것들이 모여서 답이 됩니다. 불완전한 답은 과정이고, 그래서 존중받아야 합니다. 버릴 게 없습니다. 내가 한 모든 게 소중합니다. 코끼리 발톱만 그려도 그건 코끼리인 겁니다.

가볍게 쓰려 했는데 공간이 우리에게 주는 교훈은 묵직합니다. 같은 공간은 하나도 없어요. 공간을 만드는 사람의 생각이 다르니 모양도 다르고 느낌도 다릅니다. 다양한 것이 자연스럽고 아름답습니다. 시대에 따라 집도 마을도 도시의 위치도 생김새도 다양합니다.

기후가 다르고 사는 사람이 다르니 공간도 다양합니다. 하늘을 오르려는 희망이 있어도 기술이 없으면 높게 지을 수 없습니다. 그래서 지금 아파트에 비하면 초라했던 옛날의 작은 집은 불완전했어도 그땐 그게 답이었습니다.

순백의 공간은 불완전하지만, 다르고 다양하게 운명이 정해집니다. 우리도 그런 것 같고 그래야 맞는 것 같습니다. 우리는 같아지려는 생각에 힘들어합니다. 생각도 재능도 다르니, 다르게 사는 게 맞습니다. 그러니 다양한 게 자연스럽습니다. 그땐 불완전해도 그게 답입니다. 오랜 후에 보면 불완전했던 것이 완전으로 가는 길이었죠. 그래서 불완전한 것도 존중받아야 합니다. 사랑받아야 합니다. 공간이 다르듯 우리 사람이 다른 것은 자연스럽고 당연합니다. 좌절하지 말고 슬퍼하지도 말고, 누가 뭐라 해도 한 치의 의심도 없이 뚜벅뚜벅 자신의 이야기가 있는 공간을 만드시기 바랍니다. 이 얘기를 하고 싶었습니다. 모두 다 소중하고, 소중하지 않은 게 없습니다.

공간을 말하다

2020년 3월 20일 1판 1쇄 발행
2021년 10월 20일 1판 3쇄 발행

지은이	이상호
그림	설한
펴낸이	한기호
책임편집	정안나
편집	도은숙, 유태선, 염경원, 강세윤, 김미향, 김민지
디자인	김경년
마케팅	윤수연
경영지원	국순근
펴낸곳	북바이북

출판등록 2009년 5월 12일 제313-2009-100호
주소 04029 서울시 마포구 동교로 12안길 14(서교동) 삼성빌딩 A동 2층
전화 02-336-5675 팩스 02-337-5347
이메일 kpm@kpm21.co.kr
홈페이지 www.kpm21.co.kr

ISBN 979-11-85400-98-3   03300